Z세대,
20대가
처음인
너에게

Z세대, 20대가 처음인 너에게

김주형 지음

미래문화사
MIRAE

청춘들에게 한 줄기 빛이 될 수 있다면

최근에 신문, 방송 등 언론지상에 올라오는 수많은 뉴스들은 청춘뿐만 아니라 기성세대조차도 불안하게 만듭니다. 사상 최대의 청년실업률, 노동인구의 절벽, 세계적 경기침체, 각국의 보호무역주의 등 그 어디를 둘러봐도 한 치 빠져나갈 수 있는 구멍조차 찾을 수 없을 것만 같습니다. 그럴수록 걱정되는 것은 미래를 짊어질 우리 청춘들이 혹시라도 희망을 잃고 포기하지는 않을까 하는 중년의 기우입니다.

'하늘이 무너져도 솟아날 구멍은 있다'는 말로 청춘들을 위로할 수 있을까요? 너무 무책임한가요? 청춘들은 이렇게 힘든데, 대책도 없이 어떻게든 방법이 있을 거라는 말로는 뭔가 부족해 보입니다. 누군가는 '아프니까 청춘'이라고 말하며, 힘든 젊은이들을 위로해주기도 합니다. 그대 아프지만, 누구나처럼 아프지만, 아름다운 시기라고, 걱정하지 말라고 격려합니다. 그렇지만 청춘은 여전히 아프고, 여전히 불안합니다.

　이 책은 이처럼 여전히 아프고 불안한 청춘들에게, 많이 아
파했던 적이 있는, 꽤 불안해 한 적이 있는 한 선배가 털어놓는
한 편의 이야기입니다. 단지 잘 될 거야, 괜찮아라는 나긋한 이
야기라기보다는 그 시기를 어떻게 극복하고 청춘이라는 풍랑을
지혜롭게 헤쳐 나갈 수 있는지를 보다 적극적으로 이야기합니
다. 그것도 이제 막 사회초년생을 시작한, 이제 막 풍랑을 헤쳐
나간, 아니 어쩌면 아직도 청춘이라는 풍랑을 함께 헤쳐가고 있
는 선배의 이야기입니다.

　저는 대학에서 교수로 있으면서 많은 대학생들과 상담을 합
니다. 학업상담, 인생상담, 연애상담 등 여러 가지 주제의 고민
을 나누면서 감히 청춘들을 이해하려는 기성세대의 만용을 부
리기도 합니다. 물론 여러 선후배들의 삶을 옆에서 지켜봤고, 여
러 대학생들의 고민들을 들으면서 나름대로 조언을 할 수 있는

사례들을 많이 쌓아온 것도 사실입니다. 그렇지만 여전히 청춘을 이해하려는 것은 만용이 아닐 수 없습니다. 개구리 올챙이 시절 모른다는 말이 왜 있겠습니까?

이 책의 추천사를 의뢰 받으면서 떠오른 생각은 하나였습니다. '청춘들에게 한 줄기 빛이 될 수 있다면…' 급변하는 시대에 우리 청춘들이 얼마나 불안해하고 아파하는지, 이 시기를 현명하게 극복할 수 있는지에 관한 지침서가 되면 좋겠다. 수많은 자기계발서가 있지만, 또래의 눈높이에서 함께 아파하며, 방황하는 청춘들에게 어떻게 미래를 준비해야 하는지 약간 먼저 선배로서 구체적으로 알려줄 수 있다면, 한 권의 책으로서 제 역할을 백배한 것이라고 할 수 있을 것입니다.

'이 또한 지나가리라'라는 솔로몬의 명언처럼, 청춘도 언젠가 지나갈 것이고 참 아름다웠다고 말할 날이 올 것입니다. 하지만

이 책의 이야기를 하나하나 따라가며 실천하다 보면, 독자들의 인생도 촘촘한 플롯으로 구성된 소설처럼, 하늘이 내려준 푸른 봄날[靑春]을 한 폭의 동화처럼 인생이라는 도화지에 화려하게 수놓을 수 있을 거라고 기대해봅니다.

정재윤
- 경희대 산업경영공학과 학과장

청춘, 머뭇거리기에는 너무 짧다

청춘이 무엇인가. 사전에서 정의하고 있는 청춘의 의미는 새싹이 파랗게 돋아나는 봄철이라는 뜻으로, 10대 후반에서 20대에 걸치는 인생의 젊은 나이 또는 그런 시절을 이르는 말이라고 한다. 이렇듯 청춘이란 일생에서 단 한 번밖에 오지 않는 아주 중요한 시기임이 분명하다. 그러니 눈부시게 아름다우며 가능성이 무한한 이 중요한 시기를 어떻게 보내느냐가 인생의 방향을 가름한다는 것 또한 너무도 당연한 이치가 아닐까.

청춘의 시기에 있는 당신은 아직 연마되지 않은 원석이다. 여러 번 깎고 정성스럽게 다듬으면 누구나 고귀한 보석이 될 수 있다. 물론 단련되는 순간은 아프기도 하고 너무나 괴롭겠지만, 노력 없이는 빛나는 보석이 될 수 없다. 자신에게 주어진 시간들을 헛되이 보내지 말고, 보석이 될 자신의 모습을 상상하며 매사에 최선을 다해야 한다. 그렇지 않으면 원석은 길거리에 그저 흔히 굴러다니는 돌멩이일 뿐이다.

청춘의 시기에는 크게 두 부류의 사람으로 나뉜다. 첫 번째는 꿈이란 목적지에 도달하기 위해 목표를 세우고 차근차근 실천하는 부류이고, 두 번째는 아직 자신이 원하는 게 무엇인지 몰라서 목적지도 없이 무한한 항해를 하고 있는 부류이다. 당신은 어느 쪽에 속하는가? 전자라면 아낌없는 응원을 해주고 싶고, 후자라 해도 너무 낙담할 필요는 없다. 모르긴 몰라도 우리나라 대부분의 청춘들은 후자에 속하며 나 역시 그랬다. 이 책을 펼쳐든 지금이라도 늦지 않았으니 용기와 자신감을 갖자.

20대 초반의 나는 나이는 성인이지만 감정의 소용돌이에 쉽게 휩싸이는 10대와 별다를 것 없었다. 어떤 일을 해야 하는지 몰라서 방황하는 시기를 보냈다. 대학교 생활에 적응하지 못해 학사경고를 받았고, 불확실한 미래에 대한 불안감을 떨치려고 매일같이 술을 마시고 담배를 피웠다. 이때의 내 인생은 요즘 흔한 말로 루저Loser였다.

그러다가 아버지의 사업 실패로 집안의 경제사정이 안 좋아지게 되었고, 더 이상 이렇게 살면 안 되겠다 싶어 술과 담배를 멀리하고 내 삶에 변화를 주기 위해 책을 읽기 시작했다. 특히 자기계발서를 많이 읽었고, 책에 나온 대로 꿈과 목표를 키워 갔으며 하나씩 실행에 옮겼다. 이 시기에는 누구보다도 치열하고 매사에 최선을 다했다. 신기한 건 절대로 안 될거라 여겼던 일들이 열정과 자신감을 가지고 끝까지 도전하다보니 내 뜻대로 실현됐다는 것이다.

꿈과 목표를 세우는 것보다 중요한 것은 '실행'이다. 실행하지 않고 생각에만 그친다면 꿈과 목표는 흐지부지되고 만다. 목표를 세우면 이룰 때까지 실행하는 악바리 같은 근성이 필요하며, 실패해도 포기하지 않고 오뚝이처럼 다시 일어나 끊임없이 도전하면 결국엔 이루어진다.

이 글을 쓰게 된 이유는 수많은 자기계발서를 읽으면서 '왜 이런 종류의 책은 성공한 사람, 혹은 사회적 신분이 높은 사람만 쓰는 것인가'라는 의문에서 시작되었다. 물론 사람은 성공한 사람에게 열광하며, 신분이 높은 사람들의 말을 더욱 신뢰한다. 하지만 평범하게 이 시대를 살아가는 청춘들의 마음을 온전히 이해하고 무엇이 필요한지 조언해 줄 수 있을까? 드라마 《미생》의 장그래처럼 나이도 신분도 비슷한 사람의 눈높이에서 사회생활을 먼저 한 선배의 입장으로 실질적인 조언을 해주면 더 공감이 되지 않을까 하는 마음으로 쓰게 되었다.

이 책에는 20대 청춘들이 어떤 고민을 하고 있는지 이해하고, 뜬구름 잡는 소리가 아닌 바로 실행에 옮길 수 있는 실질적인 조언들이 담겨 있다. 나는 지금 그들이 처한 상황을 잘 이해하고 있다고 자신한다. 그리고 지금 우리 모두는 더할 나위 없이 힘든 시기를 보내고 있다. 나 역시 미래에 대한 불안과 공포를 수없이 경험했으며, 당신과 똑같이 취업의 문턱에서 여러 번 좌절해봤기에 그 힘듦을 누구보다도 잘 안다.

이 글은 그때의 내 경험을 토대로 20대 청춘들이 알았으면 하는 것들을 중심으로 썼다. 책의 내용은 전체적으로 20대를 향하고 있지만, 때로는 나와 비슷한 길을 선택한 대학생에 국한된 부분이 있을 수 있다. 이 점 미리 양해를 구하며, 만약 당신이 20대 초반의 사회인이더라도 지금의 위치에서 나의 경험과 조언을 되새겨 보았으면 한다.

30대가 되어 10대 후반에서 20대에 이르기까지의 삶을 돌아보니, 나만의 꿈과 목표를 세우고 천천히 이뤄가고 있다는 생각에 자부심을 느끼는 한편 아쉬움도 있다. 누군가 나의 20대 시절에 준비했어야 할 것들에 대한 조언들을 해주었다면 지금 내 인생은 또 어떻게 달라졌을까 하는 아쉬움 말이다.

그 마음을 담아 이 책에서는 동네 형이나 교회 오빠 같은 친근한 마음으로 내 경험들을 나누고자 하였고, 직장생활 6년 차 선배로서 실질적이고 현실적인 조언을 해주려고 애를 썼다. 더불어 상황이 어려워져만 가는 이 시대를 버텨내야 하는 청춘들에게 따뜻한 위로와 힘찬 격려를 해주고 싶었다.

"네가 생각하는 것보다 너는 훨씬 가치 있는 사람이야."

우리는 흔히 다른 사람이 생각하고 느끼는 내 가치의 무게보다 스스로 자신의 가치를 가볍게 정의 내리는 경향이 있다. 당신의 가치는 당신이 생각하는 것보다 훨씬 더 무겁고 소중하다.

사람은 누구나 자기 자신만이 가지고 있는 장점과 특기가 있다. 스스로를 과소평가하지 말고 자신감을 가지고 도전해보라. 도전하지 않고 얻을 수 있는 것은 아무것도 없다.

아무쪼록 나는 당신이 불확실한 미래에 대한 걱정은 잠시 접어두고 자신이 무엇을 가장 원하는지, 어떤 일을 하면 가슴이 뛰는지 생각해 보았으면 한다. 그리고 생각이 정립되었다면 꿈을 품고 바로 시작해보자. 세계적인 문학가 괴테는 이렇게 말했다. "꿈을 품고 뭔가 할 수 있다면 그것을 시작하라. 새로운 일을 시작하는 용기 속에 여러분의 천재성과 능력과 기적이 모두 숨어 있다."

이 글이 당신의 인생에서 방향을 잡는 데 조금이라도 도움이 되었으면 한다. 청춘이란 아름다운 이름 하에 누구보다도 힘든 시기를 겪고 있는 20대 청춘들을 응원하며, 진심으로 나를 포함한 이 땅의 모든 젊은 세대들의 미래를 기대한다.

김주형

Contents

6장 후회 없는 인생을 위한 20대 버킷리스트

1장

도전하지 않으면

아무 일도 일어나지 않는다

절대 놓치고 싶지 않은
꿈이 있는가?

시도했다가 실패하는 것은 죄가 아니다.
유일한 죄악은 시도하지 않은 것이다.
– 수엘렌 프리드

당신이 꿈꾸던 유년시절의 꿈은 무엇이었는가? 의사, 과학자, 축구 선수, 대통령 등 어릴 때는 마냥 하고 싶은 것도 많고 되고 싶은 것도 많았을 것이다. 하지만 차츰 커가면서 어느 순간 자신의 꿈을 잊어버리고 산다. 그 시기는 아마도 고등학교 3학년 입시반이 가장 정점이지 싶다. 대부분의 입시반 학생들은 성적에 맞춰 담임선생님이 추천해주는 대학교와 적성에 맞지 않는 학과를 지원하게 된다. 자신이 정말 원했던 것이 아니기 때문에 열정이 생길 리 없고, 하라는 대로 착실하게 살아가지만 심장이 뛰지 않아서 답답하기만 하다. 그렇다면 당신이 정말 원하는 일은 무엇인가? 당신의 심장이 뛰는 일을 알고 있는가?

어느 날 대학교 후배인 K씨를 만났다. 그는 자신의 진로에 대해 고민하는 중이었다. 불확실한 미래보다 더 걱정은 자신의 꿈이 무엇인지 모르겠다는 거라며 고민을 토로했다.

"어렸을 때는 검사가 되고 싶다가, 판사가 되고 싶다가, 외교관이 되고 싶기도 했어요. 그때 그 시절엔 꿈이 너무 자주 바뀌어서 문제였지 꿈이 없었던 적은 없었거든요. 하지만 지금은 제 꿈이 무엇인지 모르겠어요. 이제까지 주입식 교육을 받다 보니 내가 정말 원하는 게 뭔지, 가슴을 불타오르게 하는 일이 뭔지 전혀 모르겠어요. 꿈이 있으면 열정을 가지고 도전이라도 해볼 텐데, 내 꿈이 뭔지조차 모르겠으니 답답하기만 하네요."

내 후배뿐만 아니라 우리나라 대부분 청춘들의 고민일 것이다. 10대 때 가지고 있던 꿈은 자신의 현재 상황에 맞춰 변질되고 더 이상 자신이 꿈꾸던 꿈이 아니게 된다. 물론 10대 때 꿈이 계속 이어진 사람들도 있다. 주로 운동선수, 가수, 의사, 판사와 같은 전문직을 목표로 한 사람일 가능성이 크다. 지금 이 책을 읽고 있는 당신도 이런 전문직을 꿈꿀 수도 있겠지만, 정말 그 꿈이 자신이 원하는 것인지 한 번 돌아보고 재정립하는 시간을 가졌으면 한다.

20대는 자신의 꿈을 재정립해야 하는 굉장히 중요한 시기다. 세월이 지나고 나이를 먹으면 자신의 꿈을 점점 잃어간다. 청춘의 시기에 꿈이 있는 자는 미래를 개척하고 끊임없이 자신의 역

도전하지 않으면 아무 일도 일어나지 않는다

량을 발전시켜 나가지만, 꿈이 없는 자는 현실에만 안주하고 하루하루를 먹고사는 데 충실할 뿐 발전이 없다. 또한 꿈이 없는 자는 변화가 없고 지루한 일상을 연명하기 급급한, 그야말로 겨우 숨만 쉬고 살아가는 식물인간과 같다.

꿈은 굉장히 소중한 것이며 나를 변화시키고 발전시키는 촉매제와 같다. 자신이 가장 잘하고 좋아하는 일을 체계적으로 공부하고 계속해서 생각해보라. 그러면 어느 순간 자신의 꿈을 찾을 수 있을 것이다.

꿈은 빨리 설정할수록 좋다. 꿈을 향한 시작이 빠르기 때문이다. 당신이 만약 20살의 새내기 대학생이라면 'LG드림챌린저 LG Dream challenger'에 도전해 보라고 권하고 싶다. '스무 살의 꿈을 키우는 자기성장캠프'라는 이름의 LG드림챌린저는 대학 신입생만을 대상으로 프로그램을 운영하고 있다. 물론 이 프로그램은 LG 브랜드의 홍보 및 마케팅과 아무런 연관이 없다. 그저 이제 갓 대학생이 된 신입생들의 잊고 있던 꿈을 함께 찾아줄 뿐이다. LG드림챌린저에 3기로 참여했던 학생의 이야기를 들어보자.

"절대 스펙을 쌓으려는 의도로 지원하지 마시고, 올바른 꿈을 정립하기 위한 진심 어린 마음으로 임하셨으면 좋겠어요. 엘드챌은 화려한 스펙을 가진 사람보다 고민하는 열정을 가진 사람을 더 원하는 것 같아요."[01]

안타깝게도 내가 신입생일 때 이 프로그램은 존재하지 않았다. 군대를 제대하고 복학한 후에야 LG드림챌린저가 이제 막 개설되어 홍보하고 있었다. 내가 만약 스무 살이었을 때 이 프로그램에 참여해 내 꿈을 정립하고 실행했으면 어땠을까? 그랬다면 내가 꿈꾸는 삶에 좀 더 빨리 다가갈 수 있었을 것이다. 당신이 무엇부터 해야 할지 몰라 방황하고 있는 신입생이라면, 이런 종류의 프로그램에 지원해서 자신의 꿈을 찾아보자.

물론 이 시기에 꿈을 정립한다는 게 얼마나 어려운 일인지 나도 잘 알고 있다. 스무 살에 바로 취업전선에 뛰어들어야 하는 사람이라면 더욱더 힘들 것이다. 직장에 적응하기도 정신이 없는데 꿈을 좇으라니… 뜬구름 같은 이야기로 들릴지도 모른다. 그럼에도 불구하고 행복한 인생을 살기 위한 가능성을 높이려면 어렵고 힘들더라도 자신의 꿈을 하루라도 빨리 설정해야 한다. 꿈은 시간과의 싸움이란 사실을 잊지 말자.

자신은 스무 살도 아닐 뿐더러 자신의 꿈이 무엇인지 모르겠고, 어렴풋이 꿈은 있지만 그 꿈을 어떻게 이뤄야 할지 모르겠다면 김수영의 《멈추지마, 다시 꿈부터 써봐》라는 책을 권한다. 이 책은 꿈을 찾는 법과 꿈을 이루는 방법에 대하여 알려주는 꿈 안내서이다.

어려운 가정환경 속에서 왕따, 가출, 술과 담배 등 비행을 일삼았던 저자는 중학교를 중퇴한 뒤 검정고시로 실업계 고등학교에 진학하고 연세대에 당당히 합격한다. 그녀는 간절히 원하면 반드시 이루어진다는 사실을 증명한 대한민국의 '꿈 멘토'로서 자신의 리스트에 있는 73가지 꿈들을 이루기 위해 지금도 부단히 노력하고 있다.

"사람들은 집이 가난해서, 학벌이 좋지 않아서, 뚱뚱해서, 못생겨서 등의 이유로 자신의 꿈을 포기한다. 너무 어렵다고, 부족하다고, 시간이 없다고, 늦어서 불가능하다고 핑계만 대고 살기에는 인생이 너무 짧다. 도전할 때 꿈은 현실에 한 발짝 가까이 다가서지만 도전하지 않으면 꿈은 저 멀리 달나라 이야기에 불과하다."[02]

"세상 모든 일은 사람이 하는 것입니다. 여러분이 생각하기에 불가능한 일도 어떤 사람에겐 현실이에요. 여러분이 꿈을 이룰 수 있는 열쇠를 가지고 있는 거예요. 한두 번, 혹은 세 번 도전해서 이루어질 것이면 꿈이라고 부르지도 않죠. 간절히 원하는 게 있으면 100번만 도전하세요. 그러면 어느 누군가 여러분의 꿈에 귀를 기울여줄 것이고 누군가 그걸 이루어줄 겁니다."[03]

이 책의 저자는 자신의 강연에서 핑계만 대지 말고 각자의 꿈에 계속 도전할 것을 강조한다. 실제로 대부분의 사람들은 꿈만 꿀 뿐 갖은 핑계를 대며 그 꿈을 이루려는 실천과 노력은 별로 하지 않는다. 지금 그대로가 편하기 때문이다. 이런 사람들은 발전이 없다. 결국엔 현실에 만족하며 시시하고 재미없는 인생을 살아갈 뿐이다.

또 어떤 사람들은 한두 번 도전해 보고 안 되면 금세 포기하고 만다. 그래도 이건 시도조차 하지 않는 것보다 훨씬 나은 편이다. 중요한 건 도전과 시도다. 포기하지 말고 100번만 도전해 보자. 자신의 전부를 걸고 계속해서 도전하면 그 꿈은 반드시 이루어진다.

20대 때 해야 하는 일 중에 가장 중요한 것은 자신이 진정으로 원하는 일을 꿈으로 설정하고 바로 도전해 보는 것이다. 시시한 인생을 살고 싶은가? 그렇지 않다면 하루라도 빨리 무슨 일이든지 시작해 보자. 도전하지 않으면 아무 일도 일어나지 않는다. 나도 20대 후반쯤 들어 제대로 된 인생의 꿈을 정립했고, 그 꿈을 향해 계속 도전하고 있다. 도전이 혹시 실패하더라도 그 꿈을 이룰 때까지 포기하지 않고 계속 도전할 것이다. 성공으로 가는 길에 지름길이란 없다. 오로지 피나는 노력과 강한 집념으로 고군분투해야 한다. K.오브라이언의 명언 중 이 말을 나는 참 좋아한다.

"한때는 불가능하다고 생각한 것이 결국에는 가능한 것이 된다."

꿈과 목표를 착각하지 마라

정확한 목표 없이 성공의 여행을 떠나는 자는 실패한다.
목표 없이 일을 진행하는 사람은 기회가 와도
그 기회를 모르고 준비가 안 되어 있어 실행할 수 없다.
– 노만 V. 필

20대 초·중반의 후배들과 대화를 하다
보면 의외로 꿈과 목표를 혼동하는 사람들이 많다. 특히나 대학
생들에게 "네 꿈은 무엇이니?"라고 물으면 "대기업에 입사하는
거요."라고 대답하는 이들이 수두룩하다. 그런 그들에게 "그건
네 꿈이 아니고 목표야."라고 말해주면 그들은 그게 무슨 차이
가 있냐고 반문한다. 물론 20대 초반의 나도 그들과 똑같이 대
답했었다. 하지만 지금은 분명하게 둘을 구분할 수 있다. 당신은
꿈과 목표를 명확하게 구분 지을 수 있는가? 꿈과 목표에 대해
명확하게 구분 짓지 못한다면 제대로 된 꿈을 설정할 수 없다.
그렇다면 우선 꿈과 목표에 대한 사전적인 의미부터 알아보자.

꿈은 '실현하고 싶은 희망이나 이상'으로 사전에 정의되어 있
다. 반면에 목표는 '어떤 목적을 이루려고 지향하는 실제적 대

상, 도달해야 할 곳을 목적으로 삼음'으로 정의하고 있다. 한 마디로 꿈은 눈으로 볼 수 없는 비가시적 형태이고, 목표는 눈으로 볼 수 있으며 성취가 가능한 가시적 형태라고 할 수 있다.

우리는 눈에 보이는 목표보다는 눈에 보이지 않는 꿈을 먼저 설정해야 하며, 목표를 좇기보다는 꿈을 좇아야 한다. 그래야만 추후 목표를 달성했을 때, 허전함을 겪지 않을 것이다. 이해를 돕기 위해 중앙일보 백성호 기자의 칼럼 글에서 발췌한 내용을 소개해본다.[04]

저녁 모임에서 한 선배가 말했습니다. "목표와 꿈은 다른 거라고 생각해. 나는 아이에게 이렇게 말해. 만약 네가 의대에 진학하려고 한다면 그건 너의 목표이지, 너의 꿈은 아니다." 그러자 아이가 물었답니다. "목표와 꿈이 어떻게 달라?" 선배는 이렇게 답했습니다. "가령 네가 '나는 의사가 될거야'라고 한다면 그건 너의 목표야. 대신 '나는 슈바이처 같은 의사가 될 거야'라고 말한다면 그건 너의 꿈이지."

목표와 꿈, 둘의 차이는 과연 뭘까요. 사람들은 다들 목표를 좇습니다. 특목고를 좇고 일류 대학의 인기학과를 좇고 높은 연봉의 근사한 직장을 좇습니다. 그걸 위해 앞만 보고 달립니다. 부모도 그걸 원하고, 선생님도 그걸 원하고, 자신도 그걸 원합니다. 목표만 달성하면 인생의 모든 문제가 저절로 풀릴 것만 같습니다.

막상 그걸 성취한 사람들은 달리 말합니다. 삶이 허전하다고, 이유를 모르겠다고. 대체 왜 그럴까요. 무엇이 빠졌기에 그런 걸까요. 이유는 하나입니다. '왜?'라고 묻지 않았기 때문입니다. 자신을 향해 '왜 나는 공부를 하는가?'라는 물음을 던지지 않았기 때문입니다. 물음을 던지지 않으면 꿈이 싹트지 않습니다. 왜냐고요? 물음이 바로 '꿈의 씨앗'이기 때문입니다. 왜라고 묻지 않은 사람에게는 '목표'만 있을 뿐입니다. 목표를 달성한 뒤에는 허전함만 밀려옵니다. 그래서 또 다른 목표를 만들고, 또 만듭니다.

그럼 슈바이처는 어땠을까요? 그는 '의사가 되겠다'는 생각도 '슈바이처 같은 의사가 되겠다'는 생각도 하지 않았을 겁니다. 대신 무엇을 했을까요. 먼저 자신을 향해 물음을 던졌을 겁니다. '어떻게 살 것인가?' '나는 왜 의사가 되고 싶은가?' '의사가 된다면 어떤 의사가 될 것인가?' '왜 그런 의사가 되고 싶은가?' '그건 내 삶에 어떤 의미가 있을까?' 그걸 진지하게 묻고, 묻고, 또 물었을 겁니다. 그렇게 씨앗을 심으니 싹이 트는 겁니다.

'왜'라는 물음은 자기 마음에 심는 씨앗입니다. 그 씨앗에서 싹이 틉니다. 그 싹이 자라서 꿈이 됩니다. 그래서 꿈에는 뿌리가 있습니다. 목표에는 뿌리가 없습니다. 목표를 달성 후에 허전함이 밀려오는 까닭입니다. 그러니 '왜?'라고 물어야 합니다. 그래야 자기 주도 학습도, 자기 주도적 삶도 가능해지니까요.

이 글에서 강조하는 것처럼 중요한 것은 계속해서 '왜'라고 묻는 것이다. 끊임없이 자신에게 '왜'라고 묻다 보면 뿌리가 있는 꿈을 정립할 수 있으며, 그 꿈을 이루기 위한 목표들을 설정할 수 있다. 요컨대 중요한 것은 꿈의 집합 속에 목표라는 수많은 원소를 두는 것이다. 꿈이라는 큰 그림을 먼저 그리고, 목표라는 단기 과제들을 하나씩 수행해 나가야 한다. 이 순서가 반대가 되면 결국엔 방황하는 시기를 겪을 수밖에 없고 허전함이 남게 된다.

꿈을 가지는 것만큼 중요한 건 그 꿈을 이루기 위한 분명한 목표를 정하는 것이다. 목표를 정하지 않으면 그 꿈은 물거품이 될 가능성이 높다. 꿈은 누구나 꿀 수 있지만 누구나 이룰 수 있는 건 아니다. 꿈은 전략적으로 실행계획을 세워 하나씩 실천에 옮기는 사람에 의해서만 이루어진다. 세계화전략연구소 소장인 이영권 박사의 강의에 따르면 꿈과 목표에 대해 더욱 명확히 알 수 있다. 그는 강의에서 이렇게 말하고 있다.[05]

"여러분이 히말라야 산을 올라가겠다고 그냥 잠자리에 누워서 생각만 하면 개꿈이 될 가능성이 높습니다. 그런데 히말라야 앞에 가보고, 또 사진을 보고 히말라야에 대한 여러 정보들을 직접 찾아보면서 '저기는 높이가 얼마나 되고 거기에서 가장 높은 봉우리를 올라가려면 이런 코스들이 있구나'하는 것들을 염두에 두면서 그것을 쳐다볼 때 그게 바로 가시화되고 그것이 바로 헛된 꿈에서 만져질 수 있는 목표화가 되는 중요한 과정을 거치게 되는 것입니다.

대부분의 사람들은 목표화의 과정을 거치지 않고 어렸을 때부터 막연히 '나는 대통령이 되고 싶어요' 또는 '나는 장군이 멋있어 보여요', '경찰관이 되고 싶어요'라고 얘기하고는 전혀 그쪽하고 관계없는 방향으로 자기도 모르게 걸어가다가 뒤돌아볼 때쯤 '이건 내가 생각했던 길이 아니네' '내가 꿨던 꿈이 개꿈이었네'라고 후회합니다. 이는 목표를 분명하게 정하지 않아서 생긴 일입니다.

꿈과 목표에는 중요한 차이가 있습니다. 꿈이 가시화되지 않은 것이라면 목표는 가시화시킨 것입니다. 손으로 쭉 뻗으면 닿을 듯 말 듯한 상태에 있는 것, 성취 가능한 것을 목표라고 얘기합니다."

이제 꿈과 목표를 명확히 구분 지을 수 있겠는가? 당신이 지금 목표를 좇고 있는지 아니면 꿈을 좇고 있는지 다시 되돌아보자. 꿈이라는 큰 숲을 마음속에 그리고, 그 숲에 한 그루 한 그루씩 목표의 나무들을 심어야 한다. 그런 다음 숲이 울창해지도록 계속 정성스럽게 가꿔야 한다. 그러다 보면 자신도 모르게 숲이 우거져 있을 것이다.

지금에서야 나의 20대 초·중반 시절을 돌이켜보면 왜 그때는 이런 생각들을 하지 못하고 바보처럼 행동했는지 후회와 아쉬움이 크다. 만일 그 시절로 다시 돌아갈 수 있다면 꿈과 목표를 명확히 설정해 오늘이 마지막인 것처럼 최선을 다할 것이다. 지금 20대 청춘인 당신은 충분히 최고의 인생을 살 수 있다. 지금부터라도 원대한 꿈을 품고 명확한 목표를 세워 실행하자.

좋은 목표는 구체적이다

자, 이제 꿈을 이루기 위한 목표를 명확
히 정했으면 목표를 구체화해야 한다. 안타깝게도 우리나라 청
소년들은 자신들의 꿈을 표현하는 데 익숙지 않다. 꿈꿀 시간
조차 주지 않는 게 현실이니까. 그러니 목표를 어떻게 구체화해
야 하는지 모르는 건 당연하다. 리서치 기업 엠브레인에서 중고
교생 520명을 대상으로 조사한 결과, 장래희망을 묻는 질문에
교사(12.3%), 공무원(8.3%), 회사원(5.8%), 연예인(5.2%) 순으로 응답
했다고 한다. 이 리서치 결과에서도 알 수 있듯이 우리나라 청
소년들의 꿈은 굉장히 단순하다. 한창 다양한 꿈들을 꿈꿀 청
소년기가 이러한데, 성인이 된다고 크게 달라질 리 만무하다.

반면 서양 아이들은 초등학생 때부터 목표가 굉장히 구체적
이다. 예를 들면 "나중에 큰 농장이 있는 집을 지어서 많은 가

축들을 키우며 수의사로 일할 거예요.""제약회사 사장이 되기 위해 듀크 대학에 진학할 거예요.""사람들이 저를 잊지 않도록 여자 대통령이나 영화배우가 되겠어요.""이민자들을 돕기 위해 이민 변호사로 일하고 싶어요." 등 우리나라 학생들과는 비교가 되지 않게 자신의 목표를 구체화하고 있다.

이런 사실을 알고 나니 '동양인이 서양인보다 추상적인가?'라는 생각이 문득 들었다. 이를 확인하기 위해 직장 동료들에게도 인생의 목표에 대해 물어보았다. 그랬더니 대부분 "좋은 아버지가 되는 것이다.""부자가 되고 싶다.""조기 승진을 하고 싶다."는 대답들이 돌아왔다. 중고생들의 대답보다는 덜 단순하지만 역시나 목표가 구체적이지 않았다. 다시 강조하지만 구체화되지 않은 꿈과 목표는 큰 효과를 기대하기 힘들다. 목표는 구체화할수록 이루기가 수월하며 더욱더 밀접하게 꿈에 다가갈 수 있다. 그렇다면 목표를 어떻게 구체화해야 할까?

목표를 구체화하는 방법 중 첫 번째 방법은 수량화하는 것이다. 앞에서 언급한 내 직장 동료들의 목표를 예로 들어 보자. 좋은 아버지가 되겠다는 목표를 수량화한다면 '아이들과 매일 최소 15분 이상 대화하는 좋은 아버지가 되겠다'로 바꿔볼 수 있다. 부자가 되고 싶다는 목표는 '총자산 가치가 100억 원 이상인 부자가 되고 싶다'로 승진을 하고 싶다는 목표는 '프로젝트 5개를 달성해서 조기 승진을 하고 싶다'와 같이 목표에 숫자를 넣어 구체화시키는 게 목표의 수량화다.

두 번째 방법은 목표를 이미지화하는 것이다. 좋은 아버지가 되겠다는 목표를 예로 들면, 아내에게 애정 표현을 하고 아이들과 놀아주는 자신의 모습을 그리는 것이다. 또 '부자가 되고 싶다'는 목표라면 빌딩을 소유하고 있는 자신의 모습을 그려 보는 것. 이것이 목표의 이미지화이다.

지금까지 목표를 어떻게 구체화하는지에 대해서 알아보았다. 이제는 효율적인 목표 설정을 위한 몇 가지 원칙들을 소개하고자 한다. 위의 내용과 조금은 겹칠 수 있지만, 복습을 한다는 차원에서 되새겨보면 좋겠다. 먼저 목표를 설정하는 원칙 중에 피터 드러커의 스마트SMART 원칙[06]이 있다. 스마트 원칙은 이미 개인과 기업에서 많이 활용되고 있다.

• Specific(구체적으로): 목표는 구체적이어야 한다. 좋은 목표가 되기 위해서는 목표점에 대한 충분한 이해가 필요하며, 무엇을 달성하려고 하는지 구체적인 기술이 필요하다.

• Measurable(측정할 수 있도록): 목표는 측정 가능한 것이어야 한다. 목표는 평가가 가능해야 한다. 모든 기업에서도 목표를 수치화해서 관리한다. 이는 앞에서 언급한 수량화와 같다. '올해 목표는 다이어트를 하는 것이다'가 아닌 '올해는 매달 1kg씩 감량해서 총 12kg 빼겠다'라고 수량화해야 한다. 이런 식으로 수

량화를 해야지만 자신의 목표 달성률을 6개월 혹은 1년 뒤에 평가할 수 있다.

• Achievable or Action Oriented(실현 가능하도록): 목표는 달성 가능해야 한다. 목표는 실현 가능한 것이어야 하고 행동지향적이어야 한다. 자신의 능력에 맞지 않은 목표는 작심삼일이 될 뿐이다. 예를 들어 하루에 담배 2갑을 피우는 사람이 '나는 내일부터 담배를 끊겠다'라고 목표를 삼으면 과연 실현 가능할까? 물론 실현 가능할 수도 있겠지만 이보다는 '매일 한 가치씩 담배 피우는 것을 줄여서 40일 뒤에는 담배를 끊겠다'라고 목표를 세워야 보다 현실적이고 실현 가능성을 높일 수 있다. 자신의 현재 능력과 상황, 평소 생활습관 등을 고려해 달성이 가능한 목표를 세워야 한다.

• Realistic(현실적으로): 목표는 현실적이고 타당해야 한다. 목표는 현실적으로 세워야 한다. 극단적인 예로 '나는 세계적으로 영향력 있는 인물 1위가 될 거야'라는 목표를 세우는 건 비현실적이다. 또한 월급쟁이 회사원이 갑자기 '10억 부자가 될 거야'라는 목표는 자신의 상황에 타당하지 않다. 그보다는 '최소 30년 후 포브스에 선정되는 세계의 영향력 있는 인물이 될 거야', '일 년에 2,000만 원씩 저금해서 목돈을 만들어 주식투자로 10년 뒤엔 10억 부자가 될 거야'라는 목표가 훨씬 현실적이고 타

당하다. 자신의 상황에서 가능한 목표인지를 생각하는 게 중요
하다.

•Time limited(마감 시간이 있도록): 목표는 마감 시간이 있어야
한다. 목표에 기한을 정해두지 않으면 긴장감이 사라져서 미뤄
지게 되고, 결국엔 달성할 가능성이 희미해진다. '2017년 8월 6
일까지 체중을 5Kg 감량한다', '2020년 6월 30일까지 내 집을
마련한다'와 같이 구체적인 마감 시한을 꼭 정해 놓아야 한다.

다음으로 소개할 원칙은 애플APPLE 원칙이다. 이 원칙은 내
가 직접 만든 원칙으로 목표를 세울 때마다 적용하고 있다. 원
칙보다는 일종의 목표 설정을 위한 절차라고 보면 될 것이다.

•Assignment: 임무 혹은 과제를 결정한다.
•Priority: 우선순위를 결정한다.
•Practical: 지금 나의 상황과 환경에서 실현 가능한지 확인
　　　　　한다.
•Lead Time: 소요 기간을 설정한다.
•Endless Endeavor: 소요 기간에 목표가 달성될 수 있도록
　　　　　끊임없이 노력한다.

소개한 원칙 중에 공통점이 보이는가? 그건 바로 언제까지

목표를 달성할 것인가, 즉 기한 설정이다. 목표를 설정하는 데 있어 가장 핵심은 달성 기한을 설정하는 것이다. 이때 주의할 점은 너무 늘어지게 잡지 않아야 한다. 시간을 조금 빠듯하게 잡아야만 달성할 가능성이 높아지며 목표가 미뤄지지 않는다.

　이제 어느 정도 개념이 잡혔다면, 자신의 꿈에 한 발짝 다가가기 위한 목표를 하나씩 세워보자. 사람은 누구나 꿈이 이뤄지길 갈망한다. 하지만 누구나 이룰 수는 없다. 꿈은 목표를 세우고 하나씩 달성하는 사람만이 이룰 수 있다. 위의 원칙들을 적용하여 자신의 목표를 다시 한 번 점검하길 바란다.

꿈은
밝히는 만큼 선명해진다

아무리 소박한 꿈이라 해도 다른 사람들에게
이야기해보세요. 열 명 정도에게 말을 했을 때쯤에는
꿈이 이루어질 확률이 높아집니다.
– 혜민스님[07]

자신의 꿈을 누군가에게 말한다는 것은 쑥스러운 일일 수 있다. 하지만 쑥스럽다고 누구에게도 털어놓지 않고 속으로만 담고 있으면 그 꿈은 희미해지기 십상이다. 나 역시 꼭 이루고 싶은 꿈이나 목표가 생기면 가족이나 지인들에게 바로 말을 한다. 이 책을 쓰기로 결심하고 나서도 친한 친구 J씨를 만나 "올해 한 권의 책을 쓰는 것이 목표다."라고 말했다. 그리고 나는 지금 그 목표를 이루기 위해 최선을 다하고 있다.

이처럼 다른 사람에게 자신의 꿈이나 목표를 말한다는 건 굉장히 중요하다. 혼자만 아는 꿈은 자신만 알고 있기 때문에 힘든 고비가 찾아오면 '그래, 이 길은 내 길이 아닌 거야'라며 포기하기 쉽다. 반면에 가족이나 지인이 자신의 꿈이나 목표를 알고 있다면 책임감이 생겨서 최선을 다하게 된다. 때론 주위 사람들이 포기하지 않도록 옆에서 큰 힘이 되어 주기도 한다. 꿈이나 목표가 생기면 나 자신뿐 아니라 다른 사람에게도 널리 알리는 게 좋다. 꿈을 지속적으로 말해서 그 꿈을 달성하거나 성공을 한 사례는 세계적으로 무수히 많다.

세계 최고의 갑부 중 한 사람인 마이크로소프트 창업자 '빌 게이츠'는 자신의 꿈을 주변 사람들에게 말해서 꿈을 이뤘다고 한다. 그는 학창시절부터 "전 세계의 컴퓨터에 내가 개발한 소프트웨어 프로그램을 설치하겠다."라고 말해왔다. 허무맹랑한 그의 말에 친구들은 의아해했을 것이다. 어쩌면 비웃음을 샀을지도 모른다. 하지만 지금은 어떤가? 마이크로소프트사에서 개발한 윈도우 운영체제는 세계적으로 점유율을 90% 이상 차지하고 있으며, 오피스Office 프로그램은 컴퓨터를 쓰는 거의 모든 사람들이 사용하고 있다. 학창시절부터 입버릇처럼 했던 말이 실제로 현실이 된 것이다.

할리우드 영화배우 짐 캐리 역시 꿈을 다른 사람들에게 말해 이룬 사람이다. 캐나다 온타리오에서 태어나 작은 코미디 클럽에서 연기를 시작한 그는 무명시절 때부터 자신의 친구와 지인들에게 "할리우드의 모든 사람들이 나와 함께 일하고 싶어 하고, 나는 세계 최고의 영화배우가 될 것이다."라고 말했다. 그랬던 그가 지금은 어떻게 되었는가? 수많은 흥행작 타이틀을 가지고 있으며 전 세계인의 사랑을 받고 있다. 그는 세계 최고의 할리우드 영화배우 중 한 명이 되었으며 코미디 영화의 대부가 되었다.

66년간 일본 전통음식인 메밀 전문점을 3대째 운영하고 있는 오오하시 마사노부 대표도 좋은 사례다. 오오하시 대표는 일본의 명문 와세다 대학을 졸업하고 미츠비시 증권에서 근무하다가 회사를 그만두고 부모의 가업을 이어받았다. 처음에는 3개의 점포를 운영하며 연 매출 15억 원을 달성하였다. 이후 회사가 어느 정도 안정기에 접어들자 32세의 그는 직원들 앞에서 '5년 후 매출 60억 원', '10년 후 매출 120억 원'이라는 목표를 발표한다. 이 목표는 전체 회의뿐만 아니라 직원들의 개인 면담시간에도 반복적으로 이어졌다. 회사 최고 경영자의 목표가 전 직원의 목표로 공유됨으로써 2011년 결국 자신이 말한 목표를 이룰 수 있었다.

오오하시 대표는 '말에는 혼이 함께한다'는 일본 속담을 소개하면서 감사, 성공이라는 긍정의 말을 계속하면 긍정 에너지를 가진 혼이 함께해 결국 성공하게 된다고 강조한다. 또한 그가 말하는 좋은 부모, 훌륭한 경영자가 되기 위한 최고의 방법으로 첫째, 자식과 직원들에게 꿈 말하기. 둘째, 계속 말하기. 셋째, 그들과 주변 사람들이 당신의 꿈을 공유할 수 있도록 하기를 제안한 바 있다.

마지막으로 일본 혼다의 창업자 혼다 소이치로도 꿈을 주위에 알려서 성공한 경우이다. 소이치로는 마쓰시타 전기의 창업자 마쓰시타 고노스케와 더불어 가장 존경할만한 일본의 경영자 1, 2위를 다투는 인물이다.

소이치로는 구멍가게 같은 공장을 운영하던 시절부터 직원들에게 매일같이 "우리는 언젠가 세계 제일의 이륜차 제조사가 된다."라고 말했다고 한다. 그때마다 직원들은 그의 현실성 없는 발언에 당혹했고, 무슨 말 같지 않은 소리냐며 비아냥거렸다. 하지만 기술자들과 함께 먹고 자면서 끊임없이 개발에 힘을 쏟는 그의 철저한 솔선수범 때문에 직원들도 그 꿈을 이루려고 함께 노력했고, 1948년 오토바이를 생산해 큰 호응을 얻게 된다. 마침내 1960년에는 혼다의 최고 히트작인 '슈퍼카브' 오토바이가 나왔고, 이 오토바이는 전 세계에서 가장 많이 팔리는 히트작이 되었다. 이처럼 틈만 나면 강조했던 그의 꿈 이야기 때문에 지금의 혼다는 이륜차와 자동차를 함께 생산하는 세계적인 회사가 된 것이다.

이 사례들뿐만 아니라 자신의 꿈과 목표를 다른 사람들에게 말해서 달성한 사례는 무수히 많다. 발명왕 에디슨도 "우리가 진정으로 하겠다는 결단을 내리는 순간, 그때부터 하늘도 움직이기 시작한다."라고 말했다. 진정으로 결심했다면 자신의 꿈과 목표를 다른 사람들에게 당당히 밝혀보자. 그러면 어느 순간 주변에 자신의 꿈을 이룰 수 있도록 도와주는 사람들이 생겨날지도 모른다.

자신의 꿈과 목표를 다른 사람들에게 말할 수 있을 만큼 분명하다는 건 대단한 일이다. 그런 사람은 자신의 소중한 가치를 누구보다도 잘 알고 있고, 자신의 가치와 역량을 정확히 파악할 줄 아는 사람이다.

지금 누군가가 갑자기 당신을 붙잡고 "당신의 꿈은 무엇인가요?"라고 묻는다면 망설임 없이 말할 수 있는 꿈을 가지고 있는가? 만약 그렇지 않다면 지금이라도 늦지 않았다. 지금이 적기다. 그리고 용기내어 그 꿈을 주위 사람들에게 말해보라. 그것만으로도 당신은 그 꿈에 한 발짝 더 가까이 간 셈이다.

꿈에 한 발짝 더 다가가기, 꿈 노트 작성법

우리 중 95%의 사람은 자신의 인생 목표를
글로 기록한 적이 없다. 그러나 글로 기록한 적이 있는
5%의 사람들 중 95%가 자신의 목표를 성취했다.
— 존 맥스웰

나는 '김주형의 10년 인생 설계'라는 노트를 가지고 있다. 그냥 보통 노트지만 그 안에는 나의 희망과 꿈 그리고 목표들이 적혀 있다. 그 목표는 1년, 5년, 10년으로 쪼개져 있다. 꿈과 목표뿐만 아니라 가끔 나를 고무하는 말과 생각, 그때 그때 문득 떠오르는 아이디어들, 죽기 전에 해보고 싶은 버킷 리스트Bucket list들도 기록되어 있다.

나는 이 노트를 휴대하면서 주기적으로 본다. 이미 이룬 것들은 줄을 긋거나 V자로 체크해 놓는다. 그리고 기한이 지난 목표들은 어떤 이유로 정해진 기간 내에 이루지 못했는지 간단히 코멘트를 쓰고, 다시 기간을 설정해 적어 놓는다. 이런 식으로 나의 꿈 노트는 매년 업데이트 되고 있다. 물론 1년 목표만 한 해가 지나면 업데이트 되고, 5년과 10년 목표는 웬만해서는 수

정하지 않는다.

내가 꿈 노트를 적기 시작한 이유는 나의 지인인 L씨 때문이다. 그는 매일 호주머니 속에 수첩을 넣어 놓고 한 번씩 보고 다녔는데, 하루는 내가 그 수첩이 무엇인지 궁금해 물었다. 그러자 그는 "내 꿈을 적어 놓은 꿈 노트야. 종이에 꿈을 적으면 꿈이 실현된대."라고 말했다. 처음 그 얘기를 듣고 나는 아차 싶었다. 혹시나 해서 그날 나는 인터넷 검색을 해보았고, 그 말이 일리가 있다는 걸 깨달았다. 내가 그때 검색해서 알게 된 사례들을 몇 가지 소개하고자 한다.

세계적인 락 밴드 비틀스. 전 세계에서 10억 장 이상의 음반을 팔았으며, 아직도 음악인들의 전설로 여겨지는 그들도 꿈을 글로 적곤 했다. 다음은 멤버 중 한 사람인 폴 매카트니의 말이다.

"존과 나는 거의 언제나 공책을 펼쳐놓고 나란히 앉곤 했다. 첫 페이지 상단에 '레넌과 매카트니의 오리지널'이란 제목을 붙이고 생각나는 대로 무엇이든 써두었다. 공책 한 권이 그렇게 빽빽이 채워졌다. 다음 세대에는 우리가 최고의 밴드가 될 거라는 꿈으로 가득 채워진 공책이었다. 꿈을 글로 적는 습관이 비틀스의 성공에 커다란 역할을 했다."[08]

세계에서 가장 많은 꿈을 이룬 사나이로 유명한 존 고다드는 또 어떤가? 그는 17살 때 자신이 평생 동안 이루고 싶은 꿈에 대하여 '나의 인생 목표'라는 127가지 리스트를 만들었다. 그 리스트들 중에는 피아노 배우기, 수상스키와 스키 배우기와 같은 소소한 것들부터 에베레스트 산 등반, 달나라 가보기, 깊은 바닷속 탐험과 같은 이루기 어려운 것들도 있었다.

그로부터 30년 후인 1972년 미국의 《라이프》지에 존 고다드 가 104개의 목표를 이루었다는 기사가 실렸다. 그리고 1980년 그는 마침내 우주비행사가 되어 달에 착륙했으며, 126번째의 목표를 달성하게 되었다. 그는 이런 말을 했다.

"꿈을 이루는 가장 좋은 방법은 목표를 세우고 그 꿈을 향해 모든 에너지를 집중하는 것이다. 그렇게 하면 단지 희망사항이 었던 것이 꿈의 목록으로 바뀌고, 다시 그것이 해야만 하는 일의 목록으로 바뀌고, 마침내 성취된 목록으로 바뀐다."[09]

마지막으로 1996년 애틀랜타 올림픽 10종 경기 금메달리스트인 '댄 오브라이언' 역시 자신의 꿈을 노트에 적어 실현한 인물이다. 그가 금메달을 목표로 시합을 앞두고 있었을 때, 1976년 올림픽 금메달 수상자인 브루스 제너가 선수들을 대상으로 강연을 했다.

"여러분 중에 꿈을 적은 노트를 가지고 있는 사람이 있습니까? 그 노트를 보면서 꿈이 이루어진 모습을 생생하게 그리는 사람이 있습니까?"라고 묻자 대부분의 선수가 손을 들었다. 그러자 그는 "그렇다면 지금 이 순간 꿈 목록을 적은 종이를 가지고 있는 사람이 있습니까?"라고 묻자, 오직 한 사람만이 손을 들었다. 그가 바로 댄 오브라이언이었던 것이다. 그는 세 번 연속 세계 타이틀을 거머쥔 후 올림픽 금메달을 획득하여 1990년대 10종 경기 최고의 선수들 중 한 명으로 기억되었다.

이같은 사례들을 알고 난 후 나 역시도 나의 꿈 노트를 만들었다. 처음에는 내가 꿈꾸는 꿈을 먼저 적었다.

"랜디 포시와 같이 생의 마지막까지 강연하며, 누구도 부럽지 않을 부를 쌓는다."

그리고 그 꿈을 이루기 위한 1년, 5년, 10년 목표에 대해 각각 10가지씩 적었다. 여기서 중요한 점은 꿈을 적고 나서 목표는 거꾸로 적어야 한다. 즉 10년 목표, 5년 목표, 1년 목표 순서로 적어야 한다. 그 이유는 꿈과 장기 목표, 중기 목표 그리고 단기 목표를 일치시키기 위함이다. 나의 꿈 노트에 적힌 목표에 대해 간단히 세 가지씩만 공개한다. 자신의 꿈과 목표를 적는데 도움이 되길 바란다.

10년 목표 (2026. 11. 30까지)	① 1년에 총 200회 이상의 강연 소화 ② 주식, 부동산, 현금에 이르는 총자산 10억 원 이상 달성 ③ 20만 부 이상 판매된 베스트셀러 작가
5년 목표 (2021. 11. 30까지)	① 1년에 총 100회 이상의 강연 소화 ② 주식투자로 누적 수익률 100% 이상 달성 ③ 매년 한 권 이상 책 출간

1년 목표 (2017. 11. 30까지)	① 스피치 학원에 등록하여 주 1회 이상 연습 ② 주식에 관한 책 10권 이상 독서 ③ 최초의 책 한 권 출간. 연간 2천만 원 이상 저축

 이와 같이 꿈을 이루기 위한 10년 목표를 세우고, 10년 목표를 이루기 위한 5년 목표, 5년 목표를 이루기 위한 1년 목표를 쪼개서 세우면 된다. 당신도 각각 10가지씩 써보라. 처음에는 10가지를 채우기가 어려울 수 있지만 쓰다 보면 더 많이 채울 수 있을 것이다.

 나는 연간 목표는 꿈 노트에 적고 월별 혹은 분기 목표는 포스트잇을 활용한다. 내 책상에는 수많은 포스트잇들이 붙어 있다. 여기에는 각각 내가 이루고 싶은 단기 목표와 달성했을 때 나에게 주는 작은 선물들이 적혀 있다. 이는 소소한 재미이기도 하지만 강력한 동기가 되기도 한다. 그리고 이 목표들을 이룰 때마다 포스트잇을 하나씩 책상에서 떼고, 거기에는 새로운 목표들이 다시 채워진다. 최근에 적어 놓은 포스트잇에는 이렇게 쓰여 있다.

"앞으로 석 달간 한 달에 술자리를 네 번 미만으로 갖는다.
달성했을 시 나에게 정장 한 벌을 선물한다."

– 2016년 12월 31일까지

　마음속으로 생각만 하는 것보다 말로 내뱉는 것, 말로 내뱉는 것보다 글로 쓰는 것이 꿈을 이룰 확률을 더 높여준다는 사실을 직접 경험하면서 알게 되었다. 한 조사기관에 따르면 목표를 글로 써서 간직하는 사람이 그렇지 않은 사람보다 적게는 10배, 많게는 100배의 성과 차이를 가져온다고 한다. 지금 당장 자신의 꿈과 목표를 글로 적어보라. 자신만의 방식으로 꿈 노트를 만들고 포스트잇을 활용해보길 바란다.

　꿈을 적는 것도 중요하지만 꿈을 적은 종이나 노트를 가지고 다니면서 끊임없이 들여다보는 게 훨씬 더 중요하다. 인간은 망각의 동물이기 때문에 적었다 하더라도 한 번씩 보고 자각하지 않으면 금세 잊고 만다. 항상 휴대하고 틈만 나면 꺼내 보아라. 꿈에 한 발짝 더 다가선 것 같은 느낌이 들 것이며, 언젠가는 자신의 소중한 꿈이 이뤄질 날이 분명히 올 것이다.

나만의 롤모델을 정해
벤치마킹하라

롤모델을 찾는 것은 당신이 할 수 있는 가장 쉬우면서도
강력한 일 중 하나이다. 최고가 되기 위해 최고를 공부해라.
— 대니얼 코일

       자신의 꿈과 목표를 정립했다면 그에 따른 롤모델을 정해야 한다. 꿈의 나침반이 되어 주는 롤모델을 선정하는 일은 매우 중요하다. 그 나침반은 당신의 꿈에 다가가기 위한 지름길을 안내할 것이다. 롤모델을 본보기로 삼아 태도, 행동, 장점 등을 흡수하고 닮아감으로써 자신이 목표한 바에 더욱 빨리 다가갈 수 있기 때문이다. 반면에 롤모델도 없이 맨땅에 헤딩하듯 꿈을 이루려고 한다면, 굉장한 노력에도 불구하고 시간만 허비할 수 있다.

    그렇다면 롤모델이 무엇인가? 롤모델의 사전적 정의를 알아보자. 롤모델은 '자기가 마땅히 해야 할 직책이나 임무 따위의 본보기가 되는 대상이나 모범'이다. 롤모델은 사람이 될 수도 있고 성공한 기업이나 제품이 될 수도 있다.

당신은 인생의 롤모델이 있는가? 20대라면 아마도 롤모델이 존재할 것이다. 하지만 그 롤모델이 진정 자신이 원하는 꿈과 목표에 부합한지 다시 한 번 생각해 볼 필요가 있다. 사람들은 대부분 막연하게 역사적 혹은 사회적으로 존경할 만한 사람을 롤모델로 선정하는 경우가 많기 때문이다. 아무리 존경하고 닮고 싶은 사람이라도 자신의 목표와 재능까지 무시하면서 맹목적으로 롤모델을 선정하는 건 올바른 선택이 아니다.

그 좋은 예로 나의 지인 H씨 롤모델을 살펴보자. 어느 날 그에게 "네 삶에 롤모델이 있어? 있다면 누구야?"라고 물었더니 그는 "이순신 장군"이라고 대답했다. 내가 왜냐고 묻자, "매사에 철두철미하며 승리하는 정신과 청렴한 성품을 닮고 싶어서"라는 대답이 돌아왔다. 하지만 나는 그가 컴퓨터 공학도로서 소프트웨어 프로그램을 만드는 데 소질이 있다는 것을 알고 있다. 그런 그에게 충무공은 존경하는 인물로서는 훌륭하지만, 롤모델로서는 바람직하지 않다. 그의 꿈과 목표를 좀 더 빨리 이루고 싶다면 애플의 창업자 스티브 잡스나 마이크로소프트 창업자인 빌 게이츠를 롤모델로 정해 그들을 닮아가려고 애를 써야 한다.

이처럼 롤모델을 선정할 때는 자신의 꿈과 목표 그리고 재능을 고려해야 한다. 이외에도 자신의 롤모델을 찾을 때 주의할 점은 어떤 것들이 있을까? 윤코치 연구소의 윤영돈 소장은 자

신만의 롤모델을 찾는 방법에 대해 그의 블로그에 아래와 같이 서술하고 있다.[10]

　첫째, 선장과 같은 존재를 찾아라. 험난한 인생의 항로에서 가장 우선적으로 요구되는 것은 방향을 설정하는 역할이다. 추구해야 할 방향이 잘못되었다면 시간과 비용 등을 낭비할 뿐만 아니라 좋지 않은 결과를 얻을 뿐이다.

　둘째, 지속적인 자극제를 찾아라. 기업 환경이 변하듯이 롤모델의 모습도 함께 변해야 한다. 이러한 관점에서 롤모델은 자신이 어떻게 변화해야 하는지에 대한 방향 설정과 더불어 그 방향대로 변화할 수 있도록 지속적으로 지원하고 격려하고 변화시켜야 하는 역할을 해야 한다. 지속적인 자극은 변화를 촉진할 수 있는 근거와 아이디어를 만들어낸다. 이런 방향성에 대한 당위성을 보고 긍정적으로 변화하도록 촉진하는 역할을 해야 한다.

　셋째, 견인차 역할을 하라. 가장 중요한 역할은 구성원들의 잠재력을 불러일으킨다는 점을 잊지 말아야 한다. 롤모델은 가장 우선적으로 장기적인 관점에서 선택해야 한다. 단순히 즉흥적인 결정보다는 거시적 관점에서 자신을 육성시킨다는 점을 염두에 두고 관리해 나가야 한다. 이러한 구성원들의 잠재력 육성은 현재의 성과 지향이 아닌 미래의 성과를 지향한다는 점에서 매우 의의가 있다. 자신만의 롤모델은 성장으로 이끄는 견인차 역할을 할 것이다.

이러한 요소들을 고려해 자신만의 진정한 롤모델을 찾아보자. 성공은 모방에서 비롯된다. 인간은 타인을 모방하면 더 많은 아이디어를 떠올릴 수 있을 뿐만 아니라 더 많은 결과물도 만들어낼 수 있다. 자신이 가고자 하는 분야에서 이미 성공한 사람들을 롤모델로 삼아 모방한다면 훨씬 더 쉽고 빠르게 정상에 오를 수 있다. 롤모델의 검증된 성공 방법을 전수받을 수 있기 때문이다.

롤모델로 더욱 빠르게 성장한 사례들을 몇 가지 알아보자. 세계적인 기업 삼성전자의 롤모델은 소니였다. 그때 당시 삼성전자가 소니를 앞지른다는 것은 상상도 할 수 없는 일이었다. 워크맨과 CD 플레이어를 들었던 세대라면 누구나 공감할 것이다. 하지만 삼성전자는 계속되는 벤치마킹 끝에 약 16년 전 소니를 앞질렀고, 이제는 비교할 수 없는 대상이 되었다.

서양 미술사상 가장 위대한 화가 중 한 사람인 빈센트 반 고흐의 롤모델은 밀레였다. 반 고흐는 살아생전 밀레를 단 한 번도 본 적이 없었다. 그럼에도 불구하고 이미 고인이 된 밀레를 평생의 스승으로 삼았다. 고흐는 밀레의 예술 세계뿐만 아니라 태도까지 닮으려고 애를 썼다. 그는 밀레의 그림을 끊임없이 모사했으며, 거기서 그치지 않고 자기 스타일로 조금씩 승화시켰다. 그러면서 자신만의 예술 세계를 구축하게 되었고, 창조적인 모사의 결실을 맺게 된다. 결국 고흐는 밀레를 뛰어넘는 위대한 화가가 되었다.

피겨 여왕 김연아 선수의 롤모델은 미쉘 콴이다. 미쉘 콴은 세계선수권대회에서 다섯 번이나 1등을 차지할 만큼 완벽에 가까운 선수였다. 김연아는 그녀를 롤모델로 삼아 동작 하나하나를 따라 하면서 넘어서기 위해 엄청난 연습을 했다. 결국 김연아는 미쉘 콴도 이루지 못한 올림픽 무대에서 금메달을 목에 걸고 세계 정상의 자리에 올라 '여왕'이라는 칭호까지 얻게 된다. 이제는 김연아 선수 자신이 세계의 많은 피겨 꿈나무들의 롤모델이 되고 있을 것이다.

위 사례들에서 알 수 있듯이 롤모델이 주는 성취 동기부여가 상당히 크다. 롤모델이 있으면 목표가 분명해지고 왜 자신이 노력해야 하는지 그 답을 찾을 수 있다. 롤모델을 정한다는 건 꿈을 이루기 위한 지름길임을 명심하자.

롤모델은 인생의 등대다. 등대가 어두운 항로에 빛을 내주어 배의 길잡이가 되는 것처럼 롤모델은 꿈의 항로에서 환한 빛을 비춰줄 것이다. 지금부터 자신의 롤모델을 정하고, 닮고 싶은 인물의 삶과 지혜를 벤치마킹해 보자. 처음에는 그 분야에서 성공

한 사람의 성공 요인을 분석해 자기 것으로 만들어야 한다. 그
리고 어느 정도 능력이 갖추어졌을 때 자신만의 재능과 무기로
창의적이고 차별적인 요소를 한층 더 높여 나가야 한다. 그러면
훗날 롤모델을 뛰어넘은 자신을 만날 수 있을 것이다.

도전하지 않으면
아무 일도 일어나지 않는다

2^장

시간을 얻는 사람이
모든 것을 얻는다

나만의
24시간 법칙을 만들어라

오늘 나의 불행은 언젠가 내가 잘못 보낸 시간의 보복이다.
– 나폴레옹

다음은 시간 관리하면 가장 먼저 떠오르는 위인 벤자민 프랭클린의 명언이다.

여러분은 인생을 사랑하는가?

그렇다면 시간을 낭비하지 말라.

왜냐하면 시간은 인생을 구성하는 재료니까.

똑같이 출발하였는데, 세월이 지난 뒤에 보면

어떤 사람은 뛰어나고 어떤 사람은 낙오자가 되어 있다.

이 두 사람의 거리는 좀처럼 접근할 수 없는 것이 되어 버렸다.

이것은 하루하루 주어진 시간을 잘 이용했느냐

이용하지 않고 허송세월을 보냈느냐에 달려 있다.

시간의 중요성에 대해서는 더 이상 언급하는 게 입이 아플 정도로 많은 이들이 인식하고 있다. 하루 24시간 1,440분은 누구에게나 공평하게 주어지는 시간이다. 시간 관리란 누구에게나 똑같이 주어진 24시간을 어떻게 효율적으로 보내는가를 말한다.

대학생활을 하다 보면 과제 제출기간이나 시험기간이 닥쳐서야 허겁지겁 준비하고 공부하는 학생이 있고, 미리 차근차근 준비해서 여유롭게 끝내고 자기 할 일을 하는 학생이 있다. 회사에서는 늘 시간 부족으로 허덕이고 성과를 못 내는 사람이 있는가 하면 여유롭게 일을 즐기며 높은 성과를 창출하는 사람이 있다. 이 차이는 무엇일까? 바로 '시테크'의 차이다. 시테크란 시간을 돈으로 인식하고 시간을 효율적으로 사용하기 위해 구체적인 계획을 세워 시간을 관리하는 시간 경영을 의미한다.

사실 20대 초·중반에 나는 시테크라는 단어가 존재하는 줄도 몰랐다. 그 시기의 나는 생산적인 일보다는 비생산적인 일에 더 많은 시간을 할애하고 있었다. 만약에 내가 좀 더 일찍부터 의미 있는 곳에 시간을 투자하고 관리했더라면 지금보다 더 나은 삶을 살고 있을 것이라 확신한다. 20대 청춘인 당신은 시테크를 통해 충분히 보람 있는 삶을 살아가기 위한 계기를 만들 수 있다. 오늘부터 자신의 하루를 돌아보고 성공한 사람들의 시테크 기술을 바로 실천해보자.

성공한 사람들은 모두 시간 관리를 훌륭하게 한 사람이다.

여기에 예외란 있을 수 없다. 위대한 인물들은 어떻게 시간 관리를 했을까? 베토벤, 빅토르 위고, 윈스턴 처칠 등의 위인들은 같은 시간을 사용하면서 위대한 업적을 이루었다. 그들은 각자 다른 방식으로 하루를 보냈지만, 자신의 일과를 분석해서 규칙적으로 시간을 사용했다는 공통점이 있었다.

시간을 효율적으로 사용하기 위해서는 자신의 일과를 분석해 새어 나가는 시간을 줄여야 한다. 하루 동안 자신이 하는 모든 일을 사소한 것까지 기록해 '하루 일지'를 만들어 보자. 나의 하루 일지는 다음과 같다.

☑	04 : 30	기상
☑	04 : 35	스트레칭
☑	04 : 40	글쓰기
☑	06 : 10	세안
☑	06 : 30	회사 통근버스 탑승
☑	08 : 00	업무 시작
☑	12 : 00	점심시간
☑	13 : 00	업무 시작
☑	17 : 00	퇴근
☑	18 : 30	헬스장
☑	19 : 30	저녁식사
☑	20 : 30	휴식
☑	21 : 30	글쓰기 or 독서
☑	23 : 00	취침

미래와 진로를 고민하는 20대가 준비해야 할 것들

이렇게 지속적으로 하루 일지를 기록하다보면 어느 정도 객관적이고 평균적인 자료가 모이게 된다. 그럼으로써 통계적으로 하루 24시간을 어떻게 보내는지에 대한 분석과 함께 활용 가능한 시간을 찾아낼 수 있다. 결론적으로 나는 식사 시간과 휴식 시간을 30분씩 줄여 하루에 1시간을 독서 시간 및 개인 시간으로 활용할 수 있었다. 1년이면 약 250시간을 아낀 셈이다(나는 주말 및 공휴일에 시간을 활용하는 방법이 다르므로 주말 및 공휴일의 하루 일지는 제외하였다).

하루 일지를 작성하면 하루 일정을 최적화할 수 있다. 하루에 새어나가는 시간을 30분만 줄여도 1년이면 약 182시간을 자기계발로 사용할 수 있다. 매일 무의미한 커피 타임을 가지고 있지는 않은지, 자기 전에 스마트폰으로 웹서핑을 하고 있지는 않은지 자신의 일과를 분석해보자.

보다 쉽게 하루 일지를 작성하는 방법으로 스마트폰 어플 이용을 추천한다. 시중에는 하루 시간을 어떻게 썼는지 기록하고 보여 주면서 자신도 모르게 낭비되고 있는 시간을 찾도록 도와주는 어플리케이션들이 많이 있다. 이런 종류의 어플리케이션을 찾아서 다운로드 받고 자신의 하루를 분석해 보자. 보다 스마트한 방법으로 자신에게 주어진 24시간 속 숨어 있는 시간을 찾아보길 바란다.

앞에서 말했듯이 시간 관리의 중요성과 필요성에 대해 말할 때 어김없이 떠오르는 인물은 벤자민 프랭클린이다. 그는 미국의 독립운동에 커다란 업적을 남긴 인물로 현재까지도 수많은 미국인들의 존경과 사랑을 한몸에 받고 있으며, 100달러 지폐의 주인공이기도 하다. 이런 그의 시간에 관한 일화는 매우 유명하다.[11]

손님 : 이 책은 얼마입니까?

프랭클린 : 1달러입니다.

손님 : 너무 비싼데 조금 깎아 주시죠?

프랭클린 : 이제 그 책값은 1달러 15센트입니다.

손님 : 네? 농담하지 마십시오.

프랭클린 : 지금은 1달러 50센트입니다.

손님 : 깎아 달라니까 왜 자꾸 비싸집니까?

프랭클린 : 저에게 가장 값진 것은 시간인데 손님께서 제 시간을 낭비하고 계시니 돈을 더 받을 수밖에 없습니다. 처음에는 저도 1달러에 파는 것이 더 이익이었습니다.

이 일화를 보면 그가 얼마나 시간을 소중히 여기고, 시간의 낭비를 끔찍이 싫어하는지 알 수 있다. 또한 그는 시간을 돈으로 환산하고 있다. 시간을 돈처럼 쓰는 그의 사상은 가히 존경받을 만하다. 아울러 벤자민 프랭클린 하면 시간의 3-5-7-9 법칙을 빼놓을 수 없는데, 그 법칙은 다음과 같다.[12]

3	독서, 연구 등 자기계발을 하는 시간
5	식사 포함 여가(취미활동) 시간
7	수면시간
9	일을 하는 시간

위의 숫자를 모두 더하면 24시간이 완성된다. 생각보다 수면시간과 여가시간이 많다고 생각하는 사람이 있을 것이다. 하지만 벤자민 프랭클린은 열심히 일하며 살기 위해 가장 중요한 것은 여가 및 휴식이라고 주장했다.

사람마다 생활 패턴이 다르기 때문에 3-5-7-9 법칙을 맹목적으로 따를 게 아니라 자신만의 24시간 법칙을 찾아야 한다. 나의 경우는 4-3-5-12 법칙이 완성되었다(일하는 시간에 이동시간을 포함시켰다). 시간 관리에서 중요한 것은 너무 타이트하게 일만 하는 것이 아니라 일과 휴식의 적절한 균형을 맞추고 효율적으로 사용하는 것이다. 그리고 무엇보다 더 중요한 것은 그 시간을 규칙적으로 보내야 하며, 오랫동안 지속되는 시스템을 만드는 것이다.

20대인 당신은 시간의 중요성을 분명히 인지해야 한다. 시간을 좀 더 효율적으로 활용하기 위하여 자신만의 시테크 법칙을 세워 시간을 관리해보자. 그리고 무언가를 해야겠다고 결정했으면 즉시 행동하라. 우리에게는 허비할 시간이 없다. 시간의 낭비만큼 커다란 낭비는 없다는 사실을 잊지 말자.

스케줄링 기법,
당장 무엇을 해야 옳을까?

승자는 시간을 관리하며 살고, 패자는 시간에 끌려 산다.
— J. 하비스

나는 회사의 SCMSupply Chain Management 부서에서 생산계획 및 자재관리 업무를 담당하고 있다. 생산계획을 세울 때 사용되는 기법에는 두 가지가 있다. 첫째는 현재를 기준으로 순차적으로 프로세스를 정립해 목표 달성 시기를 추정하는 순행 스케줄링Forward Scheduling 기법이며, 둘째는 미래를 기준으로 역산해서 거꾸로 프로세스를 정립하는 역산 스케줄링Backward Scheduling 기법이다.

생산 계획을 세울 때 순행 스케줄링을 적용하면 납기가 지연되는 경우가 많으며, 프로젝트를 진행할 때 역시 처음에 목표 기한을 정했던 것보다 한참 연기되는 경우가 많다. 반면에 역산 스케줄링을 적용하면 고객이 원하는 납기 기간에 정확히 맞출 수 있으며 프로젝트 역시 목표 기한 내에 끝내게 된다. 이런 경험을 바탕으로 나는 사소한 일까지 미래의 시점에서 현재를 판단하는 습관을 가지게 되었다. 다음은 일본에서 1만 명이 넘는 CEO에게 성공 노하우를 전수하는 최고의 경영컨설턴트이자 베스트셀러 작가인 간다 마사노리의 말이다.

"미래를 보면서 현재의 일을 생각하는 사람이 되자. 99퍼센트의 인간은 현재를 보면서 미래가 어떻게 될지를 예측하고, 1퍼센트의 인간은 미래를 내다보면서 지금 어떻게 행동해야 할지 생각한다. 물론 후자에 속하는 1퍼센트 인간만이 성공한다. 그리고 대부분의 인간은 1퍼센트의 인간을 이해하기 어렵다고 말한다."[13]

좀 더 실질적인 이해를 돕기 위해 당신이 지금 처한 상황으로 스케줄링 기법을 적용해보자. 취업 준비를 하고 있는 두 학생은 컴퓨터 활용능력 2급 자격증 획득, 토익 점수 획득, 토익 스피킹 점수 획득, 적성검사 공부 계획을 세웠다. 한 학생은 순행 스케줄링 기법으로, 한 학생은 역산 스케줄링 기법으로 자신의 계획에 적용하였다고 가정해보자.

마감기한은 지금부터 10주 뒤다. 이 두 학생의 계획을 한눈에 보기 위해 도표로 도식화하면 다음과 같다.

1	2	3	4	5	6	7	8	9	10
A 학생 (Forward Scheduling)									
컴퓨터	토익 시험		토스 시험	토스 시험	적성 검사 공부				
활용능력 시험									
			B 학생 (Backward Scheduling)						
			컴퓨터	토익 시험		토스 시험	토스 시험	적성 검사 공부	
			활용능력 시험						

　도표를 보면 A학생은 현재 시간을 기준으로 계획을 세웠고, B학생은 미래를 기준으로 역산해서 계획을 세웠다. 이 둘의 결과는 어떻게 될까? A학생은 아직 마감 기한의 여유가 있으므로 중요한 일을 미뤄 놓을 수 있다. '닥치면 어떻게든 되겠지'라는 안일한 생각으로 발등에 불이 떨어진 일부터 할 확률이 높다. 그때그때 급한 일부터 수행하다 보면 결국 계획은 틀어지게 되고 삼천포로 빠지게 된다.

　반면 B학생은 지금 당장 처리할 일이 무엇인지 명확히 알고 그에 맞춰 일을 하나씩 진행해 나간다. 여유 시간인 3주 동안 개인적으로 중요한 일을 수행할 수 있으며, 앞으로의 계획에 있어 자신의 부족한 부분을 보완할 수 있다. 또한 마감기한의 로드맵을 구체적으로 만들었기 때문에 계획이 변하지 않으며, 시간의 낭비를 최소화할 수 있다.

　그렇다면 이제 회사에서 일어날 법한 예를 들어보자. 새로운 라인의 투자 유치 건의 프레젠테이션이 어느새 일주일 앞으로 다가왔다. 박 과장은 기존에 자신이 하는 업무도 많은데, 매우 중요한 임무까지 맡게 돼서 심적으로 부담이 굉장히 크다. 자신의 발표에 따라 신규 라인의 투자 유치 여부가 결정됨에도 불구하고 발등에 떨어진 일부터 처리하느라 하루 이틀 시간을 보내고 있다. "이틀이면 충분해."라고 생각하고 있지만 뚜렷한 방안이나 대책도 없다. 결국 발표를 이틀 앞두고 최선을 다해 준비해보지만, 투자 유치 계획은 실패로 돌아가고 만다. 박 과장의 예는 순행 스케줄링의 문제점을 뚜렷하게 보여주고 있다.

반면 회사에서 남들보다 탁월한 성과를 내는 사람들은 모두 역산 스케줄링을 활용한 사람들이다. 그들은 목표가 생기면 달성 시한부터 명확히 정한다. 그리고 시간을 역산해서 당장 해야 할 일을 정하고 하나씩 순차적으로 일을 해 나간다. 현재의 관점이 아닌 미래의 관점에서 보기 때문에 지금 자신이 무엇을 해야 하는지 명확히 알고 있다. 위의 예에서 시간 관리의 달인인 김 과장이라면 다음과 같이 역산 스케줄링을 적용할 것이다.

D- day	발표
D- 1	PPT 파일 작성
D- 2	투자유치로 인한 효과 분석
D- 3	투자유치가 진행되지 않을 시 문제점 분석
D- 4	현재의 상황 분석
D- 5 ~ D- 7	기존의 업무 수행

시간 관리를 잘하고 낭비를 최소화하려면 사소한 일을 할 때에도 역산해서 계획을 세우는 습관을 들여야 한다. 작은 일에서부터 습관을 들이다 보면 중대한 일이 찾아와도 당황하지 않고 효과적으로 문제를 해결할 수 있다.

일례로 나는 청소를 할 때도 데드라인을 정해놓고 끝에서부터 역산해 지금 해야 할 일을 생각한다. 약속 장소에 나갈 때도 마찬가지다. 약속시간이 정해지면 그 시간으로부터 역산해서 몇 시에 집에서 나가고, 언제부터 씻고 준비할지 생각한 다음 순차적으로 이를 행한다.

마지막으로 술자리를 가질 때도 그 다음날 스케줄을 고려하여 귀가시간을 미리 정해 놓고 그 시간이 되면 양해를 구하고 집으로 향한다. 그렇지 않으면 분위기에 휩싸여 2차, 3차를 갈 확률이 높고, 다음날의 바이오리듬이 엉망이 되어 하루를 헛되이 보내는 일이 수두룩하다는 것을 경험을 통해 익히 알고 있기 때문이다. 주변에서 보면 피곤한 사람이라고, 인간미가 없다고 생각할 수 있다. 그러나 99%의 사람과 같이 행동하면 성공할 수 없다. 오직 이해하기 어려운 1%의 사람만이 성공한다는 것을 명심하자.

지금까지 순행 스케줄링과 역산 스케줄링에 대해 알아보았다. 이 책을 읽고 있는 당신은 어떤 스타일인지 한 번 생각해보길 바란다. 매번 목표했던 달성 시한을 넘기고 있진 않는지, 정작 중요한 일보다 급한 일을 먼저 하고 있지 않는지, 이런저런 유혹에 빠져 새벽까지 술자리를 이어가는 일이 잦은지 등 곰곰이 따져보자. 대부분의 사람들은 역산 계획보다는 순행 계획 습관이 몸에 배어 있을 것이다. 지금부터라도 이 습관을 조금씩 개선해 나가야 한다. '열심히 하다 보면 어떻게든 되겠지'란 안일한 생각을 버리고 최종 목표 달성 시한을 명확히 정하자. 그리고 거기서부터 거꾸로 역산해서 중간중간에 행해야 할 과정들을 찾아보고 지금 당장 해야 할 일을 결정하자. 그러면 당신도 시테크의 달인이 될 수 있다.

새벽, 하루 2시간의 기적

아침 잠은 인생에서 가장 큰 지출이다.
— 앤드루 카네기

일반적으로 사람의 수면 유형은 크게 세 가지다. 밤 11~12시에 자고 아침 6~7시에 일어나는 '아침형 인간', 새벽 2~3시에 자고 늦게 일어나는 '올빼미형 인간', 밤 9~10시에 자고 새벽 3~4시에 일어나는 '새벽형 인간'이다.

주로 직장인들은 아침형 인간이며, 대학생들은 올빼미형이 많다. 그리고 새벽형 인간은 주위에서 찾기 힘들다. 당신은 어떤 유형의 인간인가?

보통 사람들이 반복하고 있는 아침의 이미지를 떠올려보자. 알람 소리에 마지못해 일어나 몽롱한 정신으로 세안을 하고, 출근 시간 혹은 수업 시간에 쫓겨 지하철이나 버스에 탑승한다. 아직 잠이 덜 깬 그들은 팔다리에 힘이 없으며, 속절없이 흘러

가는 시간 속에서 삶의 여유를 찾아보기 힘들다. 하지만 새벽형 인간은 그들과 같은 시간대에 눈은 생명력으로 빛나며, 얼굴에는 미소가 번져 있고 하루 24시간을 26시간인 것처럼 누리며 살고 있기 때문에 항상 여유가 있다.

성공한 많은 사람들은 도저히 이룰 수 없을 것 같은 일을 가능하게 했는데, 그 비밀은 새벽에 있다고 증언한다. 새벽은 원기를 강화시키는 호르몬의 분비가 왕성한 시간대이며, 방해요소가 없으므로 집중할 수 있는 최고의 시간이다. 자신이 추구하는 삶의 목표와 꿈을 이룰 수 있느냐의 여부는 하루를 어떻게 경영하느냐에 따라 달려 있고, 그 하루의 시작은 새벽에서 비롯된다. 찬란한 하루를 누리기 위해 그리고 후회 없는 인생을 살아가기 위해 새벽 시간을 잘 활용해보자.

'시간이 없어서 못한다'라고 핑계를 대는 사람들 가운데 수면 시간이 충분해도 몇 시간씩 침대에서 일어나지 않고 뭉그적거리는 사람들이 많다. 그러나 새벽 시간만 잘 활용해도 인생에 있어 10년을 벌 수 있다는 사실을 알고 있는가? 새벽 5시에 일어나는 사람과 아침 7시에 일어나는 사람이 있다고 가정하자. 이 두 사람이 잠자리에 드는 시간은 밤 12시로 같다. 하루 수면 2시간의 차이는 별 것 아닌 것 같지만, 40년 동안이면 29,200시간의 차이가 발생한다. 우리는 보통 하루에 8시간 일을 하는데 29,200시간은 8시간의 10년분에 해당한다. 이 말은 즉 5시에 일어나는 사람이 7시에 일어나는 사람보다 10년을 더 일하는 것과 같다.

　40년 뒤에 이 두 사람의 인생은 큰 차이가 있을 수밖에 없다. 어떤 분야에 전문가가 되려면 1만 시간을 노력해야 한다는 1만 시간의 법칙이 있듯이 29,200시간은 각각 다른 분야에서 세 번의 전문가가 될 수 있는 시간과 맞먹는다. 어떤가? 이래도 잠을 못 이겨 침대에서 뭉그적거리고 싶은가? 침대에서 잠으로 허비하며 보내는 시간을 좀 더 효과적으로 사용해보자. 그러면 자신의 꿈과 목표에 남들보다 훨씬 더 빨리 다가갈 수 있다.

　다음은 새벽 시간을 활용해 성공한 사람들의 사례들이다.

　대표적인 인물이 고故 정주영 회장이다. 그는 비서가 새벽 5시에 출근하면 4시 30분부터 나와 기다리고 있었다고 한다. 그만큼 그가 누구보다 하루를 빠르게 시작함으로써 자신을 관리했음을 알 수 있다. 실제로 정 회장은 새벽 3시에 일어나 "해가 왜 이렇게 늦게 뜨냐!"라며 화를 내기도 했다는 일화가 있다.

　정 회장의 집에는 '일근천하무난사一勤天下無難事(한결같이 부지런하면 천하에 어려운 일이 없다)'라는 글귀가 걸려 있었는데, 이 글귀를 통해 그의 근면함을 엿볼 수 있다. 그는 살아생전 이런 말을 했다고 한다. "나는 젊었을 때부터 새벽 일찍 일어난다. 왜 일찍 일어나느냐 하면 그날 할 일이 즐거워서 기대와 흥분으로 마음이 설레기 때문이다." 사람의 운명은 새벽에 무엇을 하느냐에 따라 결정된다는 그의 마인드가 지금의 현대그룹을 일구었다고 해도 과언이 아닐 것이다.

개인 자산 792억 달러, 우리 돈 87조 2,200억 원인 세계 최고의 갑부 빌 게이츠 역시 쇼트 슬리퍼다. 잠자는 시간을 낭비로 여겼던 그는 새벽 3시가 되면 어김없이 기상했다. 고요한 새벽에 일어나 2시간 동안 책 읽는 습관을 가지고 있었으며, 창의력과 상상력에 관련된 우뇌가 활발히 작용하는 새벽 시간에 번뜩이는 아이디어를 얻기도 했다. 하루 중 새벽을 생산성이 가장 높은 때라고 여긴 생활습관이 그를 세계 최고의 갑부 중 한 사람으로 만든 것이다.

작가이자 강연자인 공병호 박사도 새벽 시간을 유용하게 활용한다. 그는 연간 5~6권의 책을 집필하고 300~400건의 칼럼을 기고하며, 200~300회의 강연을 소화한다. 어떻게 이렇게 많은 일을 해낼 수 있었을까? 답은 새벽에 있었다.

《공병호의 자기경영노트》에서 그는 "내 경험에 의하면 가장 생산적인 시간대는 새벽 3시 전후이다. 저녁에 잠자리를 드는 시간이 일정하고 저녁 모임을 일정 부분 줄일 수 있다면 3시에 기상이 가능하고, 이 시간대가 최고의 생산성을 높일 수 있는 시간이다."[14]라고 밝혔다. 공 박사는 20년 넘게 새벽 3시에 기상해서 강연 준비, 저서 집필, 컨설팅 등으로 10억 이상의 연 매출을 올리고 있다.

이처럼 성공한 사람들이 대부분 새벽 시간을 철저히 활용했던 것을 보면 그만큼 새벽 시간이 중요하다는 사실을 깨달을 수 있다. 새벽은 그 어떤 시간대보다 고요해서 집중력을 최대한 키울 수 있다. 나 역시 최근 들어 새벽 4시 반에 기상하는 습관을 들였는데, 예전보다 마음과 영혼이 한결 더 맑아짐을 느낄 수 있었다. 실제로 새벽에 일어나서 활동해 보면 창의력과 상상력 그리고 집중력이 향상된다.

물론 새벽에 일어나는 습관을 들이는 게 얼마나 힘든 일인지 알고 있다. 나 역시 대학생 때는 올빼미형 인간으로 살다가 회사에 입사한 후에야 자연스럽게 아침형 인간으로 바뀌었지만 그 변화의 과정이 쉽지만은 않았다. 시간의 소중함을 절실하게 깨닫게 된 지금은 그 누구보다도 새벽형 인간이 되기 위해 노력하고 있는 중이다. 내 경험상 새벽형 인간이 되려면 먼저 마음에 사무치는 바가 있어야 한다. 변화에 대한 강한 의지만이 새벽형 인간이 되는 필수조건이다.

새벽을 맞고 싶다는 간절한 마음이 없는 사람이라면 작심삼일이 될 확률이 높다. 목적이 분명하지 않기 때문에 습관을 바꿀 이유가 없는 것이다. 따라서 자신이 정말 원하는 것이 무엇인지 찾아야 한다. 그래야 꿈과 목표를 이루기 위해 새벽에 일어나겠다는 다짐이 작심삼일에 그치지 않는다.

미래와 진로를 고민하는 20대가 준비해야 할 것들

취업을 앞둔 우리나라 대학생들 가운데 대부분은 대기업 입사를 선망하고 있을 것이다. 그렇다면 남들보다 2시간 먼저 일어나서 하루를 준비하는 사람과 정신없이 허둥지둥 아침을 맞이하는 사람 중 당신이 기업의 총수라면 누구를 채용하겠는가? 두말하면 잔소리다. 오늘부터 목표를 이루기 위해 당신의 강한 의지를 다져보자.

자투리 시간을
마법의 시간으로

거리낌 없이 한 시간을 낭비하는 사람은
아직 삶의 가치를 발견하지 못한 사람이다.
– 찰스 다윈

그야말로 요즘 어디를 둘러봐도 스마트폰 세상이다. 길에서 지하철에서 버스에서 사람들의 눈과 귀는 온통 스마트폰에 쏠려 있다. '이동 시간을 주로 어떻게 활용하고 있나요?'라는 설문조사에 휴대폰 등 디지털 기기 사용(영화, 게임, 음악, DMB 등)이 59%, 부족한 수면 시간 채우기 25%, 정보 습득 10%, 그리고 오직 6%만이 공부 및 독서라고 응답했다. 당신은 어떤가?

성공한 1%의 사람들은 통근 시간 및 이동 시간을 절대 허투루 사용하지 않는다. 오히려 그들은 통근 시간이나 이동 시간이 길면 길수록 유효한 시간으로 활용한다.

예를 들어 통근하는 데 왕복 2시간이 소요된다고 가정할 때, 이 시간을 온전히 자기계발을 위한 시간으로 사용한다면 1주일에 10시간 이상, 한 달이면 40시간 이상, 1년이면 480시간 이상을 활용할 수 있다. 이처럼 남들보다 많은 시간을 자신의 능력 향상에 사용할 수 있는데 왜 이 시간을 활용하지 않고 버리고 있는가?

내 대학 친구 중의 한 사람인 L씨는 회기동에서 수원까지 왕복 3시간의 통학 시간이 걸렸다. 친구들은 너무 피곤할 것 같다며 차라리 기숙사나 자취를 하라고 조언했지만 그는 꿋꿋하게 그 시간을 견뎌냈다. 알고 보니 그는 통학 시간을 꾸준히 공부하는 시간으로 활용했고, 결국 공인중개사 자격증을 취득하였다. 그때 나는 뒤통수를 제대로 맞은 기분이었다. 이동할 때 항상 음악을 듣고 게임만 했던 나에게 신선한 충격이었고, 내 생활을 돌아보는 계기가 되었다. 그날부터 나는 그를 벤치마킹해 어디든 이동할 때마다 책을 항상 가지고 다녔고, 스마트폰으로 음악을 듣거나 게임을 하는 대신 영어 단어를 외웠다.

이처럼 이동 시간을 제대로 활용하면 버려지는 자투리 시간을 마법 같은 시간으로 탈바꿈할 수 있다. 그렇다면 이동 시간을 잘 활용하는 노하우에는 어떤 것들이 있을까?

첫째, 러시아워를 피해야 한다. 러시아워 시간대에는 서서 갈 수 없을 정도로 사람들이 붐빈다. 만원 지하철에서 이리저리 치이며 출퇴근 혹은 등하교를 할 바에는 좀 더 일찍 혹은 더 늦게 나와 한산한 때를 노려야 한다. 경우에 따라서는 다음 열차를 기다리거나, 탑승하려는 역이 사람들이 붐비는 환승역이라면 한 정거장 앞에 가서 타는 것도 좋은 방법이 될 수 있다.

둘째, 특별히 바쁠 때가 아니면 시발역을 이용한다. 나는 강남이나 분당에 갈 일이 있으면 수원 시청역에서 전철을 타는 것이 거리상 가깝지만, 늦지 않았으면 일부러 시발역인 수원역까지 가서 탄다. 그러면 100% 앉아서 갈 수 있기 때문에 책을 읽거나 온전히 자신만을 위한 시간으로 활용할 수 있다. 물론 시발역까지 가는 게 시간 낭비라고 생각할 수도 있다. 하지만 목적지까지 서서 가게 된다면 10분 아끼려다 1시간을 버릴 수 있다는 사실을 기억하자.

셋째, 장거리를 이동할 때는 버스보다는 기차를 이용한다. 이동 시간이 길 때 버스에서 책을 보거나 공부를 하면 멀미가 날 확률이 높으며 잠들기도 쉽다. 하지만 기차에서는 중간중간에 일어나서 스트레칭을 할 수 있고, 테이블이 있기 때문에 노트북으로 서류 작업도 할 수 있다. 여러모로 기차가 버스보다 시간 활용에 있어 장점이 많다. 나는 가까운 서울에 갈 때도 수원역에서 기차를 타고 영등포역이나 서울역에서 하차한다. 스마트폰 어플리케이션을 이용해 미리 표를 끊어 놓으면 좌석에 앉아 갈 수 있어 온전히 내 시간으로 활용할 수 있기 때문이다.

이동 시간뿐만 아니라 하루 24시간 중의 활동과 활동 사이에 반드시 틈새 시간이 발생하는데 이를 자투리 시간이라고 한

미래와 진로를 고민하는 20대가 준비해야 할 것들

다. 이 시간을 잘 활용하면 시간을 훨씬 아낄 수 있다. 자투리 시간은 계획해서 만든 시간이 아니라 예상치 못하게 발생되는 시간이다. 예를 들어 계획한 일이 갑자기 취소되었다거나, 약속 시간보다 더 빨리 와서 누군가를 기다린다거나, 일의 진행이 생각보다 훨씬 빨리 되었다거나 할 때 자투리 시간이 종종 발생한다. 시간관리 전문가로 활동하고 있는 작가 유성은은 그의 저서 《성공하는 사람들의 시간관리 습관》을 통해 자투리 시간을 잘 활용하려면 아래와 같은 기본 전략을 가져야 한다고 말한다.[15]

첫째, '모든 시간은 가치가 있다. 버릴 시간은 하나도 없다'라는 생각을 갖는 것이다. 큰 시간이 황금덩어리라면 작은 시간은 금싸라기다.

둘째, '티끌 모아 태산'이라는 속담과 같이 작은 것이 쌓이고 쌓이면 큰 것을 이룬다는 사실을 명심해야 한다. 작은 것을 결코 우습게 여겨서는 안 된다. 5분이나 1분, 심지어 1초 때문에 웃을 수도 있고 울 수도 있다.

셋째, 평소에 늘 일에 목적의식을 가지고 있어야 한다. 시간이 나면 할 수 있는 일들을 미리 적어놓는 것이 좋다. 이런 목표의식 없이는 자투리 시간이 생겨도 그때그때 기분에 따라 그 시간을 그냥 흘려버리기 쉽다. 책상 위에 교양도서를 10권 올려놓고 자투리 시간이 날 때마다 조금씩 읽는다는 계획은 어떨까?

넷째, 자투리 시간에도 A급, B급, C급의 각기 다른 레벨이 있기 때문에 그 수준에 맞춰서 활용해야 한다. A급 자투리 시간에는 창의적이고 집중적으로 할 수 있는 일을 하는 것이 좋다. B급 자투리 시간에는 책을 읽거나 신문을 읽을 수 있다. 하지만 C급 자투리 시간이라면 눈을 감고 푹 쉬는 것이 좋다.

또한 그는 시간의 양에 따른 활동 목록을 아래의 표와 같이 정리했다.[16]

5분 내외	간단한 통화, 엽서 한 장 쓰기, 명언이나 단어 외우기, 줄넘기, 맨손체조 등
15분 내외	영어회화 공부, 조그만 악기 연습, 신문 읽기, 책의 일부 읽기, 음악 감상 등
30분 내외	책상 정리, 서재 청소, 간단한 회의, 보고서 작성, 시사주간지 읽기 등
60분 내외	인터넷 검색, 프로젝트 계획 수립, 보고서 작성, 상담 등

다음은 자투리 시간이 날 때 내가 주로 활용하는 방법들이다. 우선 나는 약속시간보다 더 빨리 도착했을 경우 근처의 서점으로 향한다. 서점에 들어가면 단행본 코너보다 잡지책 코너로 가 트렌드를 파악한다. 짧은 시간에 트렌드를 파악하기에 잡

지만한 게 없기 때문이다. 짧은 시간에 책을 집중해서 읽기가 어려우므로 쉽게 읽을 수 있는 잡지책이 더 효율적이다. 또한 사회생활을 하는 데 트렌드를 파악하고 있어야 도움이 된다.

점심시간의 자투리 시간도 최대한 활용한다. 점심시간을 한 시간으로 가정할 때 대부분의 사람들은 30분은 식사시간으로, 나머지 30분은 커피를 마시고 수다를 떠는 시간으로 활용한다. 하지만 나는 햇볕을 쬐면서 산책을 하거나 낮잠을 잔다. 매일 20분 정도의 일광욕은 멜라토닌 발생을 증가시켜 뼈를 튼튼하게 해준다. 그리고 밤에 원활한 수면을 돕는 역할도 하기 때문에 건강에 도움을 준다. 또한 적정한 햇빛의 노출은 피부를 윤택하게 만들어 주기도 한다.

산책을 하지 않을 경우 낮잠을 자곤 한다. 낮잠을 자면 집중력, 창의력, 기억력 향상의 효과가 있다. 또한 스트레스 호르몬인 코르티솔의 분비를 줄여 스트레스 해소 효과를 준다는 연구결과도 있다. 특히 낮잠을 자면 무엇보다 피로가 해소됨을 느낄 수 있다. 점심시간을 최대한 자신에게 필요한 시간으로 활용해 시간의 낭비를 최소화해 보자.

마지막으로 나는 누군가와 어디서 만날지 약속 장소가 정해지면 그 근처에 사는 다른 사람과 또 다른 약속을 잡아 한 명이라도 더 만나려고 노력한다. 일주일에 여러 사람을 만나는 것은 사실상 쉽지 않다. 하지만 이런 식으로 시간을 활용하면 충분히 가능하다. 그리고 이렇게 만나면 다음 약속이 있기 때문에 시간을 흐지부지 보내지 않고 온전히 그 사람과의 대화에 집중할 수 있으며 자연스럽게 경청하게 된다.

"당신에게 매일 1,440만 원을 드리겠습니다. 단, 멍하게 1분을 보낼 때마다 만 원씩 회수해 가겠습니다. 다른 조건은 없습니다." 만약 당신에게 이런 제안을 한다면 넋 놓고 시간을 보낼 수 있겠는가? 우리에게는 매일 하루에 1,440분의 시간이 주어진다. 1분 1초를 어떻게 보내느냐에 따라 당신의 미래가 달라진다. 시간을 돈처럼 여겨 이동 시간 및 자투리 시간마저도 최대한 유용하게 활용하자. 효율적인 시간의 활용은 온전히 당신의 몫이다.

정리의 원칙,
설레지 않는 물건은 버려라

순간을 미루면 인생마저 미루게 된다.
— 마틴 베레가드

필요한 물건이 어디에 있는지 기억이 안 나서 한참을 찾아 헤매거나, 방과 책상 위의 어질러진 물건들 때문에 집중이 안 된 경험은 누구나 한 번쯤 있을 것이다. 나 역시 그런 경험을 가지고 있다.

대학시절의 일이다. 시험공부를 하려고 책상에 앉았었다. 앉자마자 책상 위에 쌓인 서류들을 보고 집중이 안 돼서 서류들을 정리하게 되었고, 그러다 보니 여기저기 굴러다니는 전공서적마저 정리하게 되었다. 결국엔 일이 커져 책상 전체를 정리하였고, 정작 중요한 시험공부는 시간이 늦어져 제대로 하지도 못했다.

당신도 이런 경험을 가지고 있는가? 이러한 일 역시 엄청난 시간 낭비다. 따라서 정리정돈이 습관화되면 불필요한 시간 낭비를 줄일 수 있다. 그렇다면 '정리정돈'이란 정확히 무엇인가?

평소 정리정돈이란 말을 항상 쓰는데도 의외로 그 뜻을 정확히 이해하는 사람은 드물다. '정리'란 필요한 것과 불필요한 것을 구분하고, 불필요한 것들을 제거하는 것이다. '정돈'은 물건을 쉽게 찾을 수 있도록 편리한 위치에 두는 것이다. 즉 정리정돈이란 기준을 정해 물건을 분류하고, 사용하기 편하도록 위치를 새로 잡는 것이라고 정의 내릴 수 있겠다.

정리정돈을 잘해야 한다는 것은 누구나 알고 있지만, 막상 시작하려면 어디서부터 손을 대야 할지 몰라서 막막하기만 하다. 마음이 급해 손에 잡히는 대로 정리정돈을 했다가는 며칠 후에 원래 상태로 돌아가는 경험을 할 확률이 높다. 그렇기 때문에 정리정돈에는 기술과 노하우가 필요하다. 정리정돈의 기술과 노하우를 습득하여 시간의 낭비를 최소화해야 한다.

정리에 있어 가장 먼저 실행해야 할 일은 버리는 것이다. 그러고 나서 제 위치를 정해 물건을 비치해야 한다. 명심해야 할 것은 반드시 버리기를 먼저 행해야 한다. 그렇지 않고 물건을 수납하면 더욱 어수선해지기 마련이며 며칠이 지나면 다시 원상태로 복구된다.

하지만 나이가 들수록 버리기가 쉽지 않다. 소유욕이 강해지는 경향도 있고, 오랜 세월 추억이 깃든 물건들에 대한 애착이 강해져 쉽게 무엇을 버리기가 더 어려워지기 때문이다.

사실상 물건을 정리하다 보면 버릴 것과 버리지 않을 것의 구분이 명확하지 않을 때가 많다. 그래서 과감히 버리지 못하고 다시 끌어안고 있을 때가 많다. 그렇다면 어떤 기준으로 버리는 게 효율적일까?

　일본의 정리 컨설턴트이자 《인생이 빛나는 정리의 마법》의 저자 곤도 마리에는 '설레지 않는 물건은 버린다'라는 기준을 제시한다. 그녀는 자신의 책에서 물건을 하나하나 만져보고 가슴이 설레는 물건은 남기고, 설레지 않는 물건은 과감히 버려야 한다고 말한다. 그리고 의류 → 책 → 서류 → 소품 → 추억의 물건 순으로 버리면 보다 효율적으로 정리할 수 있다고 한다.[17] 이 글을 보고 처음에 들었던 생각은 굉장히 모호하다는 것이었다. 설레는 기준이 과연 뭘까 궁금했는데 실제로 물건을 하나씩 만져보면서 따라해보니 비로소 그녀의 말에 공감할 수 있었다.
　나도 책에 나와 있는 순서대로 정리를 해보았다. 그런데 하고 보니 나는 의류 → 추억의 물건 → 책 → 소품 → 서류의 순으로 정리를 하는 게 더 맞겠구나 싶었다. 이는 버리는 시간이 가장 오래 걸리는 순으로 나열한 것으로, 비교적 시간이 오래 걸리는 것부터 정리를 하다 보니 버리는 것의 기준이 명확해져 점점 속도가 붙는다는 걸 느낄 수 있었다. 마침내 시간 낭비를 최소화하는 나만의 정리법이 완성되었다. 당신도 실제로 해보면서 자신만의 정리 순서와 노하우를 터득해보길 바란다. 다음은 정리하면서 터득한 나만의 정리 노하우다.

옷과 신발을 전부 모은 다음 단번에 정리한다

나는 1년에 한두 번씩 옷과 신발을 정리한다. 내 방에는 3개의 옷장과 1개의 큰 신발장이 있다. 정리를 하기 전에는 모두 빽빽이 꽉 차 있지만, 정리를 모두 끝내고 나면 절반가량으로 줄어든다. 의류나 신발을 정리할 때 중요한 것은 조금씩 하는 것이 아니라 한 번에 해야 한다는 것이다. 그래야지만 실제로 입는 옷과 신는 신발을 구별할 수 있으며, 입지 않은 옷을 버리고 난 후 수납 공간이 대폭 늘어난다.

만약 지금이 여름이라면 봄·가을 옷 → 겨울 옷 → 여름 옷 순서로 정리한다. 계절이 지난 옷과 신발들을 하나하나 만져보며 설레는지를 느껴본다. 다음 계절 혹은 일 년이 지나도 설레일 것 같은 옷과 신발만 남겨두고 모두 버리거나 헌옷 수집함에 넣는다.

현재 계절의 옷과 신발은 3주 동안 한 번도 안 입은 혹은 신지 않은 것이라면 과감히 버린다. 막상 3주 후에 입을 것 같지만, 틀림없이 계속 안 입기 마련이다. 왜냐하면 자신이 좋아하는 옷만 계속 입게 되는 게 자연스런 사람 심리이기 때문이다.

버릴 것을 모두 버리고 나면 계절의 역순으로 의류와 신발장을 채운다. 지나간 계절의 옷과 신발은 왼쪽 옷장 및 신발장에, 현재의 계절의 옷과 신발은 오른쪽 옷장 및 신발장에 채워 넣는다(나는 오른손잡이여서 오른쪽 문을 먼저 열기 때문이며, 왼손잡이인 경우 반대로 행하면 된다). 이렇게 정리를 모두 마치면 어떤 옷이 어디에 있느지 찾는 시간을 줄일 수 있고, 오늘은 무엇을 입을까에 대한 고민도 줄어 소중한 시간을 아낄 수 있다.

추억의 물건은 사진으로 남겨 둔다

추억의 물건 같은 경우 설레는가 설레지 않는가로 구별하기엔 매우 어려운 구석이 있다. 비교적 오래된 추억의 물건은 대부분 설레지 않기 때문이다. 그래서 버리는 것을 구별할 때 시간이 더 오래 걸린다. 나는 추억의 물건은 철저히 현재 사용하고 있는 것과 그렇지 않은 것으로 구별해서 버린다. 그리고 사용하지 않은 것 중에서도 마음속으로 간직하고 싶은 물건은 사진으로 찍어 놓은 후에 버린다. 그러면 차지하는 공간은 줄일 수 있고 마음속에는 간직할 수 있게 된다.

3개월 동안 읽지 않은 책은 과감히 버린다

'언젠가 읽어야지' 하고 남겨 두는 책은 대부분 끝까지 읽지 않게 된다. 왜냐하면 이미 그 책은 설렘도 흥미도 사라진 경우가 많기 때문이다. 3개월 동안 읽지 않은 책은 과감히 버리는 것이 좋다. 지금 읽고 있는 책과 읽고 싶은 책이 훨씬 중요하다.

나는 책을 읽을 때 중요한 부분은 형광펜으로 밑줄을 치고, 공감이 되거나 나와 다른 견해가 있으면 포스트잇에 메모하여 붙여 놓는다. 책을 정리할 때 밑줄이나 포스트잇이 붙여진 책은 남겨두고, 아무것도 표시되어 있지 않은 책은 망설임 없이 버린다. 왜냐하면 두 번 읽을 가치가 없기 때문이다. 당신도 평소 이런 습관을 갖는다면 책을 정리하는 데 훨씬 수월할 것이다.

소품은 모두 시각화하며 쓴 물건은 꼭 제자리에 놓는다

어떤 물건을 찾으려고 시간을 허비한 경험은 누구나 가지고 있을 것이다. 이는 시각화가 되지 않아서 그렇다. 소품을 정리할 땐 1차로 설레는 것과 설레지 않는 것으로 구분해 설레는 것만 남기고 버린다. 2차로는 현재 꼭 필요한 것, 미래에 필요한 것, 필요하지 않는 것으로 구분하고 필요하지 않는 것은 모두 버린다. 그러고 나서 소품을 수납장에 종류별로 정돈하고 포스트잇이나 견출지로 어떤 물건이 들어 있는지 써 놓는다. 이것이 바로 시각화다.

시각화보다 사실 더 중요한 건 쓴 물건은 꼭 제자리에 두어야 한다는 것이다. 제자리에 두지 않으면 시각화는 하나 마나 한 일이다. 이런 식으로 소품을 시각화 해놓고 물건을 쓰고 제자리에 놓는다면 물건을 찾는 데 허비하는 시간을 줄일 수 있다.

서류는 웬만해서는 모두 버린다

다른 물건들은 모두 한번에 정리를 해야 하지만 서류는 그때그때 정리하지 않으면 산더미처럼 쌓이게 된다. 나는 보존해야 할 중요한 서류와 현재 사용하고 있는 서류 외에는 모두 버리는 것을 원칙으로 하고 있다. 그리고 보존 서류는 파일에 끼어 보관한다. 평소에도 서류 정리를 습관화해서 찾는 시간을 줄이면 일의 효율이 높아질 것이다.

지금까지 정리정돈의 중요성과 노하우에 대해 살펴보았다. 정리정돈을 할 때 중요한 것은 처음 할 때 한꺼번에 해야 한다는 것이다. 한꺼번에 하지 않고 조금씩 나눠서 하면 어느새 정리하고 싶은 마음이 사라지고 매번 새롭게 다시 해야 한다. 그렇기 때문에 한 번 정리할 때 한꺼번에 완벽히 한 후 조금씩 정리정돈을 하는 습관을 들여야 한다. 그러면 자신도 모르게 새어나가는 시간의 낭비를 최대한 줄일 수 있다. 오늘 당장 자신의 방을 정리정돈해 보자. 기분까지 상쾌해질 것이다.

약속 시간 10분 전,
당신은 어디에

사람은 자기를 기다리게 하는 자의 결점을 계산한다.
- 프랑스 속담

'코리안 타임'이란 말을 아는가? 사전적 의미로 코리안 타임이란 약속 시간에 일부러 늦게 도착하는 행동이나 버릇을 이르는 말이다. 이 말은 6·25 한국전쟁 때 주한 미군이 약속 시간보다 늦게 나오는 한국인들의 습성을 꼬집어 "한국인은 약속시간에 늦게 도착한다. 이것이 한국의 시간관이다."라고 해서 생겨났다고 한다.

실제로 한국 사람들은 약속 시간을 잘 안 지키는 편이다. 7시에 만나기로 했는데 꼭 5분, 10분씩 늦게 도착하는 사람들을 흔히 볼 수 있다.

문제는 대부분 습관적으로 늦는다는 데 있으며, 더 심각한 건 조금 늦는 걸 대수롭지 않게 생각한다는 점이다. 한두 번이면 몰라도 매번 기다리는 사람 입장에서는 꽤나 짜증이 날 수

밖에 없다. 그리고 10분 이상 기다리면 불쾌해지기 마련이다.

나는 '약속은 지키라고 있는 것이다'라는 생각이 강한 사람이다. 특히나 시간 약속에 있어서는 더욱 그렇다. 이런 생각을 가지게 된건 부모님의 영향이 크다. 우리 부모님은 시간 약속에 있어 칼 같은 분들이다. 특히 어머니는 항상 약속 시간 20분 전에 도착해서 여유를 즐기시는 분이다. 예나 지금이나 사람들과의 약속뿐만 아니라 버스를 타든 기차를 타든 항상 20분 전에 탑승 장소에 도착하는 습관을 가지셨다. 어머니는 사람과의 시간 약속은 그 사람의 됨됨이를 보여주는 것이기 때문에 무슨 일이 있어도 지키라고 종종 말씀하셨다. 어렸을 때부터 그런 가르침을 받아왔기 때문에 특별한 경우가 아니면 나는 약속 시간을 칼같이 지킨다.

자신의 시간이 소중하면 타인의 시간도 역시 소중하게 생각해야 한다. 약속 시간을 지키는 사람은 시간이 많거나 한가해서가 절대 아니다. 그들은 그것이 상대방에 대한 최소한의 예의이자 배려이며 신뢰라고 생각한다. 안철수 씨는 텔레비전 한 예능 프로그램에 출연해 이런 말을 했다. "배려에는 여러 가지 형태가 있을 수 있지만, 가장 기본적인 것이 시간 지키기라고 생각한다." 항상 늦는 사람들은 "차가 막혀서, 기차 혹은 지하철이 지연돼서, 갑자기 배가 아파서…"라는 핑계를 댄다. 왜 이런 일들은 그들에게만 일어나는 것일까? 약속 시간에 핑계는 금물이다. 20대의 나이라면 경험상 어느 시간대에 차가 막히고 지하철이 지연되는지 대략 알고 있을 것이다. 차가 막히는 시간대는 버스보다는 지하철을 이용하면 된다. 지하철이 지연되는 시간대에는 전철 시간을 미리 확인하고, 먼저 나와 원래 타려던 전철보다 한 차 앞서 탑승한다. 때마침 급행이 있으면 급행을 이용하는 것도 좋은 방법이다. 약속 시간보다 10분 먼저 도착한다는 자세로 좀 더 부지런하게 준비한 후, 여유롭게 상대를 기다리는 자세가 바람직하다.

만약 이렇게 했는데도 늦는다면 사고가 났다거나 피치 못할 사정이 생겨서일 것이다. 그럴 때는 기다리고 있을 상대방에게 미리 연락을 취해야 한다. 물론 이런 경우가 아니더라도 늦을 것 같으면 바로 연락을 하는 게 좋다. 약속 시간을 지킨 사람이 "늦어?"라고 먼저 연락을 하기 전에, 늦는 사람 쪽에서 미리 알려주는 게 예의다. 간혹 늦어 놓고 "늦어서 미안하다."라는 말도 안 하는 사람들이 있는데, 기본적인 예의가 없는 사람이다. 아무리 친한 사이라도 "어떤 이유 때문에 늦을 것 같다. 미안하다." 정도의 말은 상식적으로 꼭 해야 한다.

자신의 삶을 한 번 돌아보자. 스스로 생각했을 때 자신이 약속 시간에 항상 늦는 사람이라고 판단되면, 약속 시간을 지키기 위해 내가 하고 있는 다섯 가지 행동을 숙지하길 바란다. 이대로 행한다면 약속 시간에 절대 늦지 않을 수 있다.

맞춰 놓은 알람 시간에 반드시 일어나기

알람이 울리면 그 시간에 바로 일어나는 게 중요하다. 알람을 끄고 다시 잠이 들면 절대 안 된다. 도저히 잠을 못 이기는 사람이라면 도망 다니는 알람 시계를 구입하는 것도 좋은 방법이다. 최대한 손이 닿지 않는 곳에 알람 시계를 두어 제시간에 일어나자.

전날 저녁에 다음 날 계획을 미리 세우고 짐 챙겨 놓기

잠이 덜 깬 아침에는 누구나 정신이 없다. 일어나 허둥대다 보면 꼭 가져가야 할 서류나 물건을 놓치기 쉽다. 전날 밤에 미리 짐을 챙겨 놓으면 이런 실수를 방지할 수 있고 아침이 한층 더 여유로워진다.

'이것만 하고…'라는 생각 버리기

시간을 지키려면 움직일 때 미련이 없어야 한다. '게임 한 판만 더 하고…', '이 업무만 처리하고…', 'E-mail 하나만 더 보내고 출발하자' 등의 생각이 오늘의 중요한 약속을 망칠 수 있다.

여유 시간을 남겨두기

누구나 여행 예산 계획을 세울 때 여유 자금을 포함한다. 예상치 못한 일이 발생했을 때를 대비해서 여유 자금을 남겨 놓는 것이다. 이와 마찬가지로 시간에서도 여유 시간이 필요하다.

계획을 세우거나 약속 시간을 정할 때 여유 시간을 남겨 두는 것이 좋다.

모든 상황을 고려하기

이동 수단의 평일과 주말의 배차 시간 및 간격을 고려해야 한다. 그리고 날씨까지 확인해야 한다. 비가 오거나 눈이 오는 날이면 이동 수단이 지연되는 경우가 허다하다. 모든 상황을 고려해야지만 약속 시간에 늦지 않을 수 있다.

이런 행동들을 바탕으로 최소한 약속 시간 10분 전엔 도착하자. 사람들은 보통 중요한 자리에는 20~30분 먼저 도착하려고 애쓴다. 가령 당신이 계약을 성사하는 자리에 가는 길이거나, 기업의 면접 장소에 가는 길이라면 늦을 수 있겠는가? 당연히 그렇지 않을 것이다. 최소 30분은 먼저 도착하려고 준비에 만전을 기할 것이다. 이런 중요한 자리뿐만 아니라 사소한 자리의 약속 시간도 철저히 지키는 습관을 지녀야 한다. 그래야만 정작 중요한 자리에 나갈 때 늦는 실수를 하지 않는다.

약속 시간을 잘 지키는 사람은 상대방에게 가장 기초적인 신뢰를 형성시켜 준다. 시간을 철저히 지켜 상대방을 배려하고 존중하는 태도를 갖자. 자신의 시간뿐만 아니라 상대방의 시간 역시 소중히 여겨야 한다.

시간을 얻는 사람이

모든 것을 얻는다

3^장

인생은 습관으로

결정된다

내가 만든 습관이
나를 만든다

오늘의 맑은 이 아침, 이 순간에 그대의 행동을 다스려라.
순간의 일이 그대의 행동을 결정한다.
새로운 습관은 새로운 운명을 열어줄 것이다.
— R.M 릴케

우리나라 속담에 '세 살 적 버릇이 여든까지 간다'는 말이 있다. 난 이 말을 이렇게 고쳐주고 싶다. '20대의 습관이 평생 간다.' 유년기, 아동기, 청소년기에 든 나쁜 습관은 대부분 자연스럽게 고쳐지는 경우가 많다. 이는 성인이 돼 가면서 어떤 것이 옳지 못하다는 것을 아는 판단력과 정도에 넘지 않도록 알맞게 조절하여 제한할 수 있는 절제력이 겸비되기 때문이다.

나는 청소년기에 다리를 떠는 습관과 손톱을 물어뜯는 습관을 가지고 있었다. 둘 다 몹시 나쁜 습관인데, 20대 성인이 되니 나도 모르게 고쳐졌다. 굳이 고치려고 마음먹지 않았는데도 말이다. 다른 사람의 눈에도 안 좋게 보임은 물론이고 자신에게도 좋을 게 없다는 생각에 자연스럽게 절제하고 교정하게 된 것

미래와 진로를 고민하는 20대가 준비해야 할 것들

이다. 이처럼 청소년기에 든 나쁜 습관은 자신도 모르게 저절로 고쳐질 수 있다.

하지만 20대가 돼서 든 나쁜 습관은 쉽게 고칠 수 없으며, 평생 동안 못 고치는 경우도 수두룩하다. 이미 그 습관은 자신에게 해가 되고 좋을 게 없다는 것을 알고도 드는 습관이기 때문에 절제가 쉽지 않다. 그러므로 20대에는 나쁜 습관이 들지 않도록 특히 주의해야 하며, 나쁜 습관이 들면 그것을 통째로 버려야 한다.

20대에 드는 대표적인 나쁜 습관 중에 하나는 흡연이다. 호기심에 시작한 흡연이 자신의 건강을 평생 동안 해칠 수 있다. 연초에 올해의 목표를 세울 때나 담뱃값이 인상될 때 흡연자들은 금연 계획을 세운다. 하지만 작심삼일이 되는 경우가 많으며 태반이 한두 달 이내에 다시 흡연을 한다. 실제 통계적으로 금연을 시작한 사람 중 90% 이상이 1년 안에 다시 담배를 피운다고 한다. 왜 담배를 끊지 못할까?

장소, 시간, 행동, 시각적인 요소 등 금연을 어렵게 만드는 요인들은 너무나 많다. 특히 흡연을 통해 안정을 느끼는 심리적 보상과 소소한 즐거움이 추억과 습관으로 뇌에 저장되어 무의식적인 행동을 만들어 낸다. 이처럼 흡연의 습관은 무의식적으로 행해지기 때문에 고치는 것이 쉽지 않다.

나 역시 7년간 담배를 피운 흡연자였다. 지금은 금연한 지 5년이 되어 간다. 나의 경우 금연을 시도할 때 나 자신에게 계속 보상을 해주었다. 1주일간 금연할 땐 맛있는 식사를, 한 달간 금연할 땐 정장 한 벌을, 6개월 금연할 땐 시계를 선물했다. 6개월 후부터는 굳이 보상을 해주지 않아도 금연에 성공할 수 있었고 지금까지 금연이 유지되고 있다. 자신에게 보상하는 방법을 활용하면 나쁜 습관이 고쳐질 확률이 높다.

군이 흡연이 아니더라도 자신만의 나쁜 습관은 누구나 하나쯤 있을 것이다. 이런 나쁜 습관을 어떻게 하면 좀 더 빠르고 효율적으로 고칠 수 있을까?《발상을 바꾸면 인생이 달라진다》의 저자 이민규 교수는 그의 저서에서 습관을 고치는 방법에 대해 다음 7가지 방법을 소개하고 있다.[18]

1. 습관 리스트를 작성하라: 사람을 대할 때, 일을 할 때, 혼자서 공부할 때 등 다양한 상황에서 일어나는 습관적인 행동 리스트를 작성한다. 이렇게 하면 잠버릇, 술버릇, 말버릇, 다리 떨기, 눈 깜빡이기, 지각하기 등 이전에 생각지도 않던 습관적인 행동들을 찾을 수 있을 것이다. 이때 가능하면 주변 사람들의 도움을 받는 것이 좋다. 워낙 자동화된 습관은 자신도 잘 모를 수 있다.

2. 각각의 습관에서 얻을 수 있는 이득을 찾아라: 아무런 이유 없이 지속되는 습관이란 없다. 습관에는 반드시 나름대로 존재의 이유가 있으며 무엇인가 습관의 소유자에게 이득이 되기

때문에 유지된다. 흡연과 같은 습관은 스트레스를 풀 수 있다는 점에서 단기적으로 이득이 될 수 있지만 장기적인 인생 목표에는 매우 해를 끼칠 수 있다.

3. 습관의 문제점을 찾아 이득과 비교하라: 모든 습관에는 그것이 유지될만한 이유가 있는 것처럼 단점도 있다. 각각의 습관에 대한 장점과 단점, 그리고 그것의 단기적 효과와 장기적 효과를 분석하라. 그런 다음 고쳐야 될 습관을 취사선택하라. 당신이 갖고 있는 모든 습관을 고칠 필요는 없다.

4. 습관을 바꾸었을 때 얻을 수 있는 이득과 손실을 나열하라: 기존의 습관을 자제하고 새롭게 행동했을 때도 이득과 손실이 있기 마련이다. 습관에서 벗어났을 때의 이득이 분명하고 구체적일 때 그리고 손실에 비해 이득이 현저하게 클수록 습관을 변화시키고자 하는 동기가 높아진다.

5. 해로운 습관을 자제했을 때는 스스로 보상하라: 만약 고쳐야 할 습관을 하루라도 자제했다면 그에 대해 스스로 보상하라. 당신이 보고 싶었던 영화를 보는 것일 수도 있고, 좋아하는 가수의 음반을 사는 것일 수도 있다. 그리고 습관을 되풀이했을 때는 그 이유를 정확하게 파악하고 스스로 처벌하라. 밥을 굶거나 잠을 줄이는 것도 자기 처벌의 한 가지 방법이다.

6. 날마다 한 가지씩 습관에서 벗어난 행동을 시도하라: 해로운 습관에서 벗어나는 것은 익숙한 것과의 결별을 의미한다. 사소하며 크게 해롭지 않은 것이라도 날마다 익숙해진 일상에서 벗어나는 시도를 하라. 그것은 커피와 인삼차를 섞어 마시는 것일 수도 있고 출근 코스를 바꿔보는 것일 수도 있다. 사소한 습관에서 융통성을 발휘할 수 있어야 보다 심각한 습관에서도 자유로워질 수 있다.

7. 변화된 자기 모습을 상상하라: 그것이 말버릇이든 늑장 부리기이건 상관없이, 해로운 습관에서 벗어나 새로운 모습으로 살았을 때 달라진 자신의 모습을 상상하라. 그것도 가능한 생생하게. 사람이 변화하고자 가장 열망할 때는 목표가 무엇이든 그것이 자신의 목표 달성을 확실하게 보장한다고 판단할 때다.

위의 7가지 방법 외에도 내가 추천하는 방법은 새로운 습관을 들여 나쁜 습관을 덮는 것이다. 원래 있는 비포장도로는 없어지지 않지만, 그 길에다가 아스팔트로 포장하면 옛길은 자연스럽게 사라지게 된다. 예를 들어, 집에 오면 TV를 보는 습관 대신에 가족과 대화를 하거나 책을 읽는 습관을 들이면 나쁜 습관을 자연스럽게 고칠 수 있다.

환경을 바꾸는 것 역시 나쁜 습관을 고칠 수 있는 좋은 방법이다. 사람들은 습관을 고치기 위해 환경을 바꾸는 것이 얼마나 중요한지를 간과한다. 운전 중 휴대폰을 사용하는 습관을 가지고 있다면 운전을 하기 전에 보조석 보관함에 휴대폰을 넣어두면 손쉽게 나쁜 습관을 고칠 수 있다. 밤늦게 군것질을 하는 습관이 있다면 냉장고를 깨끗이 비워두는 것도 좋은 방법이 될 수 있다.

이런 방법들을 총동원해도 습관을 고치는 일은 매우 어렵다. 습관은 단순한 결심이나 단속만으로는 쉽게 고쳐지지 않는다. 그러므로 20대에는 나쁜 습관 자체를 들이지 않게 특히 조심해야 한다. 각별한 주의에도 불구하고 나쁜 습관이 생기면 그것을 통째로 버릴 수 있도록 꾸준히 노력하자. 처음에는 우리가 습관을 만들지만, 나중에는 습관이 우리를 만든다는 사실을 명심해야 한다. 부디 좋은 습관으로 무장해서 청춘의 시기를 후회없이 보내길 바란다.

1만 5천 원,
종이 신문에 투자하라

내가 대학생일 때 종이 신문을 얼마나 구독하는지 알아보기 위해 162명의 학생을 대상으로 설문조사를 한 적이 있었다. '종이 신문을 정기 구독하고 있나요?'라는 질문에 88.27%인 143명이 '정기 구독하지 않는다'고 답했으며, 11.72%인 19명이 '정기 구독한다'고 답했다. 이 설문조사의 결과로 약 10명 중 1명의 학생만이 종이 신문을 정기 구독하고 있다는 사실을 알 수 있었다.

'정기 구독하지 않는다'라고 답한 학생에게 다시 '종이 신문을 정기 구독하지 않는 이유는 무엇인가요?'라는 질문을 던졌더니 'TV, 인터넷과 같은 다른 대중매체로 정보를 접할 수 있어서'가 93명 65.03%로 가장 많았으며, '관심이 없어서'가 25명 17.48%로 그 뒤를 이었다. 그 밖에 '신문 읽기의 필요성을 못 느껴서'가 17명 11.88%, '기타'가 8명 5.6%로 나타났다.

이 설문조사에서 알 수 있듯이 신문을 정기 구독해서 보는 대학생들은 거의 드물다. '정기 구독을 한다'라고 답한 19명의 학생 중 한 사람이 나였고, 그때 나는 4학년이었다. 나 또한 취업 면접 준비를 위해 4학년 때부터 정기 구독을 시작했고, 3학년 때까지는 신문을 보지 않았다. 신문을 정기 구독하면서 들었던 생각은 '1학년 때부터 꾸준히 신문 보는 습관을 가졌더라면 좋았을텐데…'였다. 내가 이런 생각이 들었던 이유는 크게 네 가지다.

첫째, 신문을 정기 구독하면 관심 영역을 넓힐 수 있고 다양한 정보를 접할 수 있다. 인터넷이나 스마트폰은 스스로 원하는 정보만을 골라서 볼 수 있기 때문에, 관심 있는 분야의 뉴스 기사만 볼 확률이 높다. 나 역시 신문을 정기 구독하기 전에는 스마트폰으로 연예 기사와 스포츠 기사만 찾아서 보았다. 다른 분야는 관심이 없었기 때문이다. 하지만 신문을 정기 구독하면서부터는 모든 분야의 정보를 접할 수 있었다. 종이 신문은 지면을 넘기는 과정에서 제목과 기사가 한눈에 들어오다 보니 자연스럽게 정보의 편식이 걸러지게 된다.

둘째, 같은 기사라도 신문으로 보면 오래 기억에 남는다. 수도 없이 늘어서 있는 인터넷 기사의 하나로서 볼 때와 같은 기사더라도 신문 지면에서 봤을 때 느낌은 분명히 다르다. 신문은 편집과 레이아웃이 잘 구성되어 정결하기 때문이다. 그러므로 집중이 잘 되고 더 오래 기억에 남을 수 있다. 중요한 기사는 바로 스크랩해서 서류철에 정리해 놓으면 그 정보는 영원히 자신의 것이 된다.

셋째, 시사 영역의 지식은 단기간에 습득할 수 없다. 시사 영역의 범위는 굉장히 광범위하기 때문에 시사 영역의 지식을 단기간에 습득하는 것은 불가능하다. 꾸준히 신문을 읽고 공부해야지만 다양한 시사 영역의 지식을 습득할 수 있다. 최근 기업들은 취업 면접에서 대부분 적성검사를 실시하고 있다. 적성검사에는 시사 영역의 문제가 있는데, 문제를 풀어본 취업 준비생들은 알겠지만 굉장히 어렵다. 모두들 어려워하기 때문에 이 문제를 맞히면 경쟁력을 확보할 수 있어서 합격의 문턱에 한발 더 다가설 수 있다. 또한 최종의 관문인 면접에서도 시사 영역의 질문이 종종 나오곤 하는데, 평소에 꾸준히 신문을 읽은 학생이라면 문제없이 자신의 생각을 논리적으로 말할 수 있을 것이다.

넷째, 토론 면접에 대비할 수 있다. 토론 면접을 행하는 기업들이 종종 있다. 나 또한 현대 글로비스 인턴 면접에서 토론 면접을 경험했었다. 당시에 거론되는 시사가 토론의 주제였는데, 관심이 없었던 분야였기 때문에 당연히 지식이 전무했다. 그래서 발언권을 얻어도 말을 제대로 할 수 없었고, 계속 다른 사람에게 발언권을 넘기게 되었다. 반면 내 옆에 앉았던 분은 꽹장히 말을 조리 있게 잘해서 면접관의 총애를 받기도 했다. 당연히 나는 낙방했고 나중에 안 사실이지만 그분이 합격을 했다고 들었다. 면접이 모두 끝나고 그분에게 토론의 주제에 대해서 어떻게 그렇게 잘 알고 있느냐고 물었더니 "세 종류의 신문을 구독해서 꾸준히 읽었더니 자연스럽게 알게 되었다."는 대답이 돌아왔다. 이 경험을 계기로 나도 4학년 때부터 두 종류의 신문을 구독하게 된 것이다.

이러한 이유들 때문에 신문을 하루라도 빨리 정기 구독해서 읽는 습관을 들이는 것이 좋다. 기업들은 경제·경영·시사 영역의 상식을 두루 갖춘 인재들을 원하고 있다. 모든 영역의 정보들이 집합된 신문 읽기의 중요성은 거듭 강조해도 부족함이 없다. 수요보다 공급이 많은 현 시대에 다른 경쟁자보다 뒤처지지 않기 위해서라도 신문을 구독해야 한다.

신문 읽기는 꼭 취업 준비뿐만 아니라 유머를 키우는 데도 도움이 된다. 요즘 유머러스한 사람이 대세인 것은 누구나 알고 있을 것이다. 유머는 잡다한 지식이 많아야 완성되는데 이런 잔지식을 키우는 데 신문만한 것이 없다.
사람의 마음을 파고들 줄 아는 커뮤니케이터이자 유머러스한 남자 김제동은 신문 읽기의 달인이다. 그는 "내 유머의 콘텐츠는 숙성시켜 내 것으로 만든 것"이라고 말했다. 또한 그는 "신문을 스크랩하며 메모하는 것이 취미라면서요?"라는 인터뷰 질문에 다음과 같이 대답했다.

"신문을 그냥 보면 허투루 읽게 돼서 자를 대고 볼펜으로 밑줄을 긋고 그 밑에 내 생각을 적어 봅니다. 세상의 흐름을 놓치지 않으려고 신문을 다섯 가지 구독합니다. 논설위원 선생님 앞에서 건방진 이야기일지 모르지만 사설 중에도 공감하는 사설이 있고 내 생각과 다르게 느껴지는 사설이 있습니다. 이런 생각을 일기처럼 적어 놓습니다. 그렇게 한 게 두꺼운 스크랩북으로 10권이 넘어요. 습관이 돼 하루라도 안 하면 찝찝해져요. 일종의 취미생활이지요."[19]

종이 신문의 장점은 이외에도 무수히 많다. 아직 당신이 신문을 구독하지 않고 있다면 하루라도 빨리 정기 구독할 것을 권한다. 신문은 많은 정보를 편하고 빠르게 습득할 수 있는 가장 정제된 대중매체이다.

어떤 사람은 정기 구독료 1만 5천 원이 비싸다며 아깝다고 생각하는데 한 달에 1만 5천 원도 투자하지 않고 어떻게 윤택한 삶을 바랄 수 있겠는가? 가장 신뢰성 있는 정보를 습득할 수 있다는 점을 감안해 보면 1만 5천 원이 결코 비싼 게 아니다. 신문사들 중에는 3개월 동안 무료 구독을 실시하는 신문사도 있으니 잘 알아보면 더 저렴하게 구독할 수도 있다.

끝으로 모임을 하다 보면 사회적 이슈에 대한 주제로 대화가 흘러갈 때가 있다. 이때 주제에 대한 지식이 없으면 꿀 먹은 벙어리처럼 말도 못하고, 대화가 안 통한다며 소외되는 경우가 생긴다. 하지만 신문을 꾸준히 읽는 습관을 들이면 이런 일이 절대 발생되지 않는다. 20대 청춘인 당신이 사회 각 분야에서 자신의 목소리를 제대로 내려면 신문을 꾸준히 읽는 습관이 꼭 필요하다는 사실을 잊지 말자.

포기하는 순간이 실패다

나는 실패한 적이 없다. 어떤 어려움을 만났을 때
거기서 멈추면 실패가 되지만
끝까지 밀고 나가 성공을 하면 실패가 아니기 때문이다.
― 마쓰시타 고노스케

20대 청춘이라면 누구나 한 번쯤 어떤 일에 도전해서 실패를 맛보고 좌절도 해본 경험이 있을 것이다. 그게 입시가 됐든, 자격증 취득이 됐든, 토익 점수가 됐든, 취업의 문턱이 됐든 말이다. 중요한 것은 어떤 일에 한 번 도전하면 설령 실패한다 해도 포기하지 않고 끝까지 물고 늘어지는 것이다. 그러면 결국 좋은 결과를 얻을 수 있다.

잠깐 내 경험담에 대해 이야기해보자면, 나는 대학교를 오직 토익 점수 하나만으로 입학했다. 당시에는 내신 성적 수시전형으로 입학하거나 수능으로 입학하는 보통 학생들에 비하면 굉장히 특이한 케이스였다. 내가 토익 공부를 시작한 이유는 고등학교 1학년 때까지의 모의고사 결과를 보니, 이 점수로는 도저히 수도권 대학에 진학할 수 없을 것 같아서였다. 2학년 때 몇 몇 대학교에서 토익 점수만으로 입학하는 제도를 실시하고 있음을 알게 되었고, 바로 공부를 시작했다. 그나마 유년시절부터 영어공부는 꾸준히 했기 때문에 '한 번 해보자'라는 마음을 쉽게 가질 수 있었다.

당시 나의 선택은 정말 모 아니면 도였다. 2년 동안 다른 공부는 모두 제쳐두고 오직 토익만 공부했기 때문에 만약 실패하면 바로 재수를 해야 했다. 재수를 한다 해도 2년간 기초를 쌓지 않았기 때문에 재수에 성공할 가능성마저 희박했다. 그야말로 점수를 획득한 그날까지 계속 궁지에 몰린 상황이었다.

처음 토익 시험을 보고 받은 점수는 545점이었다. 대학들이 제시한 800점 이상이란 기준에는 턱없이 모자란 점수였다. 1년간 점수가 조금씩 오르기는 했으나 700점대에서 더 이상 오르지 않았고, 거듭 좌절을 맛봤다. 이쯤 되니 주변에서 우려의 목소리가 들리기 시작했다. 선생님들은 "내 그럴 줄 알았다. 무슨 토익만으로 대학을 간다고 그러냐. 웃기지도 않다."라며 무시하기 시작했고, 친구들은 "지금부터라도 수능 공부로 전환해야 하지 않겠냐."라며 진심 어린 걱정을 했다.

그런 우려에도 흔들리지 않고 '끝까지 가보자'라며 마음을 다잡았지만 총 14번의 실패를 맛보았고, 결국 수시에 지원할 수 있는 마감 기간이 다가왔다. '이제는 정말 마지막이구나'라는 생각으로 점수를 확인했었는데 860점이 나오는 게 아닌가. 처음에는 내 눈을 의심했지만 틀림없이 860점이었다. 15번의 도전

끝에 나는 원하는 점수를 획득했고, 결국 경희대학교 기계 산업 시스템 공학부에 국제화 추진 수시전형으로 입학할 수 있었다.

물론 나에게도 포기하고 싶은 순간이 여러 번 있었다. 그 중 한 번은 고3 때 시험 성적이 전교 꼴등을 한 적이 있었다. 태어나서 전교 꼴등은 그때 처음 해보았고 나름 정신적인 충격이 커 '내가 가고자 하는 길이 과연 맞나?'라는 자괴감이 들었다. 하지만 '지금 내가 포기하면 사람들 인식 속엔 난 영원히 전교 꼴등으로 남아 있을 것이다. 지금 포기하기엔 너무 아깝지 않은가?'라며 스스로 다독였고 계속 도전해서 결국엔 목표한 바를 이뤄냈다.

이런 나의 경험 때문에 나는 어떤 일을 한 번 시작하면 달성할 때까지 물고 늘어진다. 자격증을 취득할 때도, 취업의 관문에서도 마찬가지였다. 회사에서도 3년 동안 해결하지 못했던 숙제를 포기하지 않고 끝까지 도전해서 결국 프로젝트를 완수할 수 있었다.

물론 이건 나의 개인적인 경험이기 때문에 마음에 와 닿지 않을 수 있다. 그렇다면 누구나 잘 아는 성공한 사람들의 경우를 살펴보자. 지금은 모든 사람들에게 성공한 인물로 기억되고 있지만, 과거에 그들도 무수히 많은 실패를 경험했었다.

전구의 발명으로 혁신을 일으킨 에디슨. 그는 전구를 발명하기 위해 약 2천 번의 실패 후에야 드디어 전구 발명에 성공할 수 있었다. 그런 그의 모습을 보고 한 기자가 계속 실패했을 때 기분이 어땠는지 물었다. 그러자 에디슨은 "실패라뇨? 전 단 한 번도 실패한 적이 없습니다. 단지 2천 번의 단계를 거쳐서 전구를 발명했을 뿐입니다."라고 답했다. 그리고 그는 "많은 인생의 실패자들은 포기할 때, 자신이 성공에서 얼마나 가까이 있었는지 모른다."라고 말했다.[20]

다음은 《해리 포터》의 저자 조앤 K. 롤링의 인터뷰 내용이다. "당시 제 삶은 커다란 실패 그 자체였습니다. 짧았던 결혼생활은 파탄이 났고 저는 무직, 싱글 맘, 그리고 노숙자를 제외하곤 현대 영국 사회에서 가장 궁핍한 처지에 놓였습니다. 여러분은 제가 겪은 정도의 실패를 경험하지 않을지도 모릅니다. 하지만 인생에서 어느 정도 실패는 불가피합니다. 중요한 것은 포기를 하지 않는 정신입니다."[21] 그녀의 소설은 출판사마다 거절당했지만 포기하지 않고 계속 도전해서 결국엔 막대한 부를 얻었고, 4억 5천만 부 이상이 팔린 베스트셀러 작가로서의 성공을 이뤄냈다.

마지막으로 불후한 어린 시절을 보내고 연이은 사업의 실패에도 불구하고 끝까지 도전한 KFC의 창시자 샌더스의 예를 들 수 있다. 그는 시중에 자금이 없어 오로지 치킨 조리법만 가지고 동업자를 찾았는데 무려 1,008번을 거절당했다. 1,009번째의 도전에 드디어 자신의 조리법을 사겠다는 동업자를 만났는

데, 그의 나이는 무려 67세였다. 그가 만약 1,009번째에도 거절 당했다면 과연 포기했을까? 절대 그렇지 않았을 것이다. 될 때까지 도전해서 결국엔 성공했을 것이다. 적지 않은 나이에도 불구하고 끝까지 포기하지 않는 그의 도전 정신은 스타트업을 하는 모든 이에게 시사하는 바가 크다.

당신은 어떤가? 한두 번 도전해보고 실패하면 포기해버리진 않는가? 아마 지금 당신이 처한 상황에서 가장 좌절을 맛보는 상황은 취업의 문턱일 것이다. 서류전형조차 합격이 쉽지 않은 데다 적성검사는 또 얼마나 어려운가? 게다가 최종 관문인 면접에서 불합격 통보를 받으면 정신적 충격은 이루 말로 표현할 수 없을 것이다. 나도 역시 그런 순간을 수도 없이 경험했다. 하지만 포기하는 순간이 실패다. 마지막까지 희망을 버려서는 안 된다. 오뚝이처럼 일어나서 끝까지 물고 늘어지다 보면 언젠가는 원하는 바를 이룰 수 있다.

알렉산더 그레이엄 벨의 명언에 이런 말이 있다. "When one door closes another door opens." 한 개의 문이 닫히면 다른 문이 열린다는 뜻이다. 여기서 문이란 기회라고 해석할 수 있다. 당신을 더 좋은 곳으로 인도하려고 그 문이 닫힌 것이라고 생각하자. 당신만의 능력을 필요로 하는 곳은 어딘가에 분명히 있다. 포기하지 말고 계속 도전하길 바란다. 그리고 설령 실패한다

미래와 진로를 고민하는 20대가 준비해야 할 것들

해도 내가 만든 실패를 극복하는 7가지 방법에 대하여 숙지하고, 다시 마음을 가다듬기를 희망한다.

실패를 극복하는 7가지 방법

1. 과거에 어떤 실패를 했던지 간에 낙심하지 않는다.

2. 실패에 대하여 미련을 갖지 않는다.

3. 실패의 경험을 통해서 배운 점을 모색한다.

4. 실패에서 성공으로 이끄는 아이디어를 찾는다.

5. '나는 할 수 있다'는 자신감을 항상 잃지 않는다.

6. 초심의 마음으로 재도전한다.

7. 설령 실패할지라도 다시 1번부터 반복하여 성공할 때까지 도전한다.

경청, 누구나 할 수 있지만
아무나 할 수 없는 것

경청은 기술이 아니다. 그것은 절제이며
누구나 하고자 하면 할 수 있다.
— 피터 드러커

경청傾聽이란 귀를 기울여 남의 얘기를 듣는 것을 뜻한다. 즉 타인의 이야기를 존중하는 마음으로 듣는 것이다. '이청득심以聽得心'이라는 말이 있다. 상대를 존중하고 귀 기울여 경청하면 상대의 마음을 얻을 수 있다는 뜻이다. 이처럼 경청은 타인과의 관계에 있어 가장 큰 영향을 미치는 의사소통의 기술인데, 안타깝게도 많은 사람들이 남의 말을 주의 깊게 듣지 않는다.

나이가 어릴수록 더욱 그런 경향이 짙다. 자기중심적 사고가 강하기 때문이다. 당신은 주로 말을 하는 편인가, 아니면 듣는 편인가? 아마도 듣는 것보다 말하는 것이 더 쉽다고 생각하는 사람들이 많을 것이다. 실제로 말하는 게 듣는 것보다 훨씬 쉽다. 제대로 듣는다는 건 그만큼 매우 어려운 일이다.

《논어》에서 공자는 "얼굴에서 입은 하나이고, 귀가 두 개인 까닭은 말하는 것보다 두 배로 잘 들어야 하기 때문이다. 사람이 태어나서 말을 하는 데에는 2년이 걸리지만 제대로 듣는 데에는 60년이 걸린다."라고 역설했다. 또한 "예순 살이 되어서야 생각하는 것이 원만하여 어떤 말이든 이해하고 받아들일 수 있게 되었다."라고 했으니 경청이 얼마나 힘든 일인지 알 수 있다. 하지만 어렵고 힘든 만큼 경청은 강력한 힘을 가지고 있다.

세계적인 경영학자와 리더들은 경청의 중요성을 계속 강조하고 있다. 미래학자인 톰 피터스는 "20세기가 말하는 자의 시대였다면, 21세기는 경청하는 리더의 시대가 될 것이다."[22]라고 말했다. 그리고 《성공하는 사람들의 7가지 습관》의 저자인 스티븐 코비 역시 "성공하는 사람과 그렇지 못한 사람의 대화 습관에는 뚜렷한 차이가 있다. 그 차이를 하나만 들라고 한다면, 나는 주저없이 '경청하는 습관'을 들 것이다."[23]라며 경청의 중요성을 대중에게 일깨워 주었다.

20대 때 나도 경청의 중요성을 깨닫고 실행해보려 했지만 그 방법을 잘 몰라서 여러 가지 실수를 범할 때가 많았다. 주로 하는 실수에는 어떤 것들이 있을까?

첫째, 머릿속에 미리 생각하는 실수다. 이는 상대방의 말에 귀를 기울이는 대신 내가 하고 싶은 말을 생각하는 것으로, 상대방이 말하는 동안 '아, 나는 이런 말을 해줘야겠구나'라며 마음속으로 미리 생각하는 것이다. 이렇게 미리 생각하는 행동을 하면 정작 상대방이 얘기하고자 하는 내용이 무엇인지 놓치기 쉽다.

둘째, 상대방을 낮게 평가하는 실수다. 대화도 하기 전에 '이 사람은 나보다 한 수 아래야. 들을 가치가 별로 없어'라며 말하는 사람이 자신보다 무능할 것이라고 판단하는 것이다. 이런 경우 상대방이 자신의 경험을 말하면 일단은 들어주는 척한 후 상대의 경험을 낮춰 보려는 의도를 깔고 자신의 경험을 자랑하듯이 말한다. 예를 들어, 상대방이 동남아여행을 다녀온 이야기를 하면, 자신은 유럽여행을 다녀온 이야기를 꺼낸다. 이렇게 상대방을 낮게 평가하는 사람은 상대방의 이야기가 끝날 때까지 기다리지 못하는 경우가 많다.

셋째, 자기중심적 사고의 실수다. 이는 내 생각과 말이 진리라고 생각하는 것이다. 그 때문에 상대방의 말을 몇 마디 들어보지도 않고 온갖 자신의 지혜와 견해를 쏟아낸다. 하지만 자신이 알고 있는 지혜와 경험이 상대방에게도 적용되는 것은 결코 아니다. 오히려 상대방의 마음을 상하게 할 수 있다. 자기중심적 사고가 강한 사람은 상대방의 이야기에 진심으로 귀를 기울이기가 매우 어렵다.

넷째, 영혼 없는 리액션Reaction의 실수다. 상대방이 말을 하면 진심으로 반응하는 것이 아닌 "그래요? 놀랍네요. 물론입니다. 그렇습니까?"와 같이 형식적으로 맞장구를 쳐주는 것을 말한다. 이런 식의 대화는 진정한 공감을 이끌 수 없다. 형식적인 리액션은 오히려 하지 않는 것이 상대방을 배려하는 행동이다. 차라리 가볍게 고개를 끄덕이는 행동만으로도 충분하다.

마지막으로 대화를 산으로 이끄는 실수다. 한 가지 주제로 대화를 잘 이끌고 있다가 갑자기 주제를 바꾸는 것을 뜻한다. 이는 손윗사람이 손아랫사람과 대화할 때 자주 범하는 실수다. 들어주는 사람은 상대방이 대화의 주제를 자연스럽게 바꿀 때까지 이야기가 옆길로 새지 않게 주의해야 한다.

자신이 상대방과 대화를 할 때 이런 실수들을 하고 있지 않은지 곰곰이 생각해보자. 그리고 자신의 말을 잘 들어주지 않는 사람을 한 번 떠올려보자. 남의 얘기는 귀담아 듣지 않고 자신의 얘기만 늘어놓는 사람이 당신을 설득하려고 한다면 어떻겠는가? 아마 실망스럽고 짜증만 날 것이다. 효과적인 설득은 다른 사람의 말을 들어주는 능력에서 시작된다. 성공적인 리더가 되려면 올바른 경청의 자세를 일찍부터 습득해야 한다. 그렇다면 올바른 경청의 자세에는 어떤 것들이 있는지 알아보자.

스마트폰 게임하듯이 집중하기

누구나 스마트폰 게임을 해봤을 것이다. 나 역시 한때는 게임에 빠져 있었고, 누군가가 말을 걸어도 들리지 않을 만큼 집중해서 게임을 했던 적이 있었다. 스마트폰 게임을 할 때만큼 상대방에게 관심을 보이고 집중한다면, 이보다 더 바람직한 경청의 자세는 없을 것이다.

시선은 상대방의 눈을 향하기

시선을 상대방의 눈이 아닌 다른 곳을 보고 듣는다면 자칫 상대방이 자신을 무시한다고 생각할 수 있다. 시선은 자연스럽게 상대방의 눈을 바라봐야 한다. 상대방의 눈을 바라보고 듣는다면 서로에 대한 호감을 높이고 긍정적인 평가를 이끌어 낼 수 있다. 눈을 마주친다는 것을 부끄럽게 여길 순 있으나 고개를 숙이고 피하면 절대 상대방에게 좋은 인상을 심어줄 수 없다. 상대방의 눈을 바라보고 자신이 경청하고 있음을 확실히 보여주자.

참을 인忍 자를 가슴에 새기기

대화를 하다 보면 상대방의 말을 도중에 끊고 싶은 마음이 굴뚝같을 때가 있다. 하지만 그렇게 대화를 단절시키면 상호 간에 큰 상처가 될 수 있다. 상대방의 말이 과도하게 길지 않다면 참을 인忍자를 가슴에 새기고 끝까지 들어주어야 한다. 만일 대화를 끊어야 하는 불가피한 일이 발생한다면 정중하게 양해를 구하자.

의문점이 있으면 넘어가지 말고 질문하기

대화를 하는 도중 의문점이 있으면 넘어가지 말고 질문을 해야 한다. 만약 그냥 넘어가서 상대방의 견해를 임의로 해석했다가는 갈등의 소지가 될 수 있다. 머뭇거리지 말고 바로 질문하여 그 자리에서 이해해야 한다. 질문을 하면 상대방이 자신과의 대화에 집중하고 있다는 것을 느낄 수 있다.

역지사지易地思之 자세 갖기

상대방의 처지나 입장에서 먼저 생각하라는 뜻의 역지사지는 누구나 아는 사자성어다. 이런 역지사지의 자세는 경청을 하는 데 있어 매우 중요하다. 어떤 문제에 관해 사람의 생각과 행동, 그리고 문제를 해결하는 방법은 누구나 다를 수 있다. "나라면 이렇게 했을 것이다."라고 대안을 제시하기 전에 상대방이 '왜 그렇게 행동했을까?'라고 먼저 생각해보자. 그러면 대화의 방향과 질이 달라질 것이다.

지금까지 듣는 사람이 저지르는 실수와 올바른 경청의 자세에 대해 알아보았다. 오늘부터 위의 실수들을 예방하고 올바른 청취 자세를 숙지하여 경청하는 습관을 들여보자. 진심으로 귀

기울여 듣는다면 새로운 인간관계를 맺을 때 당신에 대한 평가가 좋을 것이며, 현재 소홀해진 상대방과의 관계도 개선할 수 있을 것이다.

나는 대학교 선배 H씨와 대화할 때 굉장히 편안함을 느낀다. 그는 경청의 달인이기 때문이다. 그가 잘 모르고 있는 분야에 대해 말을 할 때도 나는 그가 전문가처럼 느껴진다. 집중하여 듣고 적절히 질문을 하기 때문에 그 분야에 탁월한 식견과 지혜가 있는 것처럼 여겨져 신뢰하게 된다. 이것이 바로 경청의 힘이다.

피터 드러커는 경청에 대해 이렇게 말했다. "경청은 기술이 아니다. 그것은 절제이며 누구나 하고자 하면 할 수 있다. 자제력은 할 수 있지만 하지 않을 수 있는 능력이다. 힘을 휘두를 수 있지만 휘두르지 않는 것이다."[24] 당신도 노력하면 충분히 경청의 자세를 몸에 익힐 수 있다. 남의 이야기를 주의 깊게 잘 듣고 공감하는 스마트한 리더가 되자.

스트레스,
나만의 해소법을 찾아라

스트레스는 죽음을 부를 수도, 삶의 활력소가 될 수도 있다.
중요한 것은 스트레스를 어떻게 관리하느냐는 것이다.

만병의 근원으로 알려진 스트레스. 과연 스트레스가 반드시 나쁘기만 할까? 최근 연구들을 보면 놀랍게도 그렇지 않다는 결과들이 많이 나오고 있다. 미국심리학협회에서는 다음과 같이 말하고 있다.

"인체에 있어 스트레스란 바이올린 현의 장력과도 같다. 현이 너무 느슨해 장력이 낮으면 음악소리가 둔탁해지고, 현이 너무 팽팽해 장력이 높으면 소리가 날카로워지며 현이 끊어질 수도 있다. 스트레스는 죽음을 부를 수도, 삶의 활력소가 될 수도 있다. 중요한 것은 스트레스를 어떻게 관리하느냐는 것이다."[25]

스트레스 관리의 목표는 모든 스트레스를 없애는 것이 아니라 적절한 스트레스를 유지하는 것이다. 실제로 스트레스는 유용한 자극제가 되어 최고의 성과를 내게 하는 동기부여 역할을 하기도 한다. 또한 과도한 스트레스는 건강을 해칠 수 있지만 스트레스를 지나치게 회피하거나 극도로 제한하면 오히려 질병이 발생할 수 있다. 그렇기 때문에 스트레스가 너무 많지도, 적지도 않는 최적의 상태를 유지하기 위해 꾸준히 노력하고 관리하는 자세가 필요하다.

"학점도 관리해야 하고 토익TOEIC, 토익 스피킹TOEIC SPEAKING 점수도 획득해야 합니다. 그 외 각종 자격증은 물론이고 공모전, 봉사활동과 같은 대외활동도 해야 하죠. 몸이 열 개라도 모자라요. 정말 스트레스 받아서 죽겠어요."

최근에 만난 같은 과 대학 후배의 하소연이다. 대부분의 대학생들이 이와 같은 고민을 하며 스트레스를 받는다. 그리고 그들은 폭식 혹은 폭음을 통해 스트레스를 해소한다. 그러나 이런 방법은 단기적으로 스트레스를 해소시켜줄지 몰라도 장기적으로는 건강만 더 악화될 뿐이다. 20대에는 건강을 해치지 않는 자신만의 스트레스 관리가 절실히 필요하다. 적절한 스트레스를 유지하기 위한 관리 방법에는 어떤 것들이 있을까?

선택과 집중, 선택하지 않은 것은 과감히 포기하기

해야 할 일은 많은데 시간이 부족할 때 수박 겉핥기 식으로 이것저것 조금씩 하다가는 두 마리 토끼 모두 놓치기 십상이다. 모든 일을 다 잘할 수 없다는 걸 알면서도 대부분의 사람들이 어느 한 가지를 포기하지 못하고 극심한 스트레스를 받는다. 이 럴 때는 정말 자신에게 중요한 일부터 순서대로 나열해보고 제일 중요한 일 한두 가지를 제외한 나머지는 모두 과감히 포기하는 것이 좋다. 중요한 일만 선택해서 에너지를 집중하고 전력을 다해도 달성할 수 있을지 없을지 모르는 상황에 여러 가지 일을 어떻게 한 번에 할 수 있겠는가?

앞서 언급한 경우에도 자신의 학점이 안 좋으면 학점에 1차적으로 집중하고, 학점이 평균 이상이라면 토익과 토익 스피킹에, 학점과 시험 모두 점수를 획득한 상태라면 다른 자격증이나 대외활동에 집중하는 것이 좋다. 이처럼 우선순위를 명백히 설정하여 선택하지 않은 것을 과감히 포기하면 갈등의 스트레스를 적절히 유지할 수 있다.

반복된 연습으로 자신감 기르기

같은 일을 해도 그 일에 대한 자신감이 없는 사람은 스트레스를 더 받게 된다. 평소에 잘하던 일마저 자신감이 없으면 위기 상황에서 실수를 하게 되고 슬럼프에 빠지게 된다. 문제는 한 번 이런 일을 겪으면 자신감 회복이 쉽지 않기 때문에 이런 일이 발생하지 않게 하는 것이 중요하다. 만약 당신이 학교나 직장에서 발표를 해야 하는 상황이라면 발표 대본을 작성해서 그것을 외운 후 끊임없이 연습해야 한다. 외운 내용이 자연스럽게 나올 때까지 연습을 하다 보면 자신감을 갖게 될 것이고, 두려움으로 인한 스트레스를 효과적으로 극복할 수 있을 것이다.

운동과 친해지기

운동을 할 시간이 없다고 불평불만을 하는 사람들이 있다. 물론 헬스클럽에서 매일 한두 시간씩 운동을 하면 좋겠지만, 시간이 없으면 일상생활 속에서도 할 수 있는 운동을 찾아보자. 예를 들면 엘리베이터를 이용하는 대신 계단을 이용하거나, 하굣길 혹은 퇴근길에 한두 정거장 앞에 내려서 걷는 것도 좋은 방법이다. 이렇게 일상생활 속에서 찾아 조금이라도 운동과 친해지자. 운동을 규칙적으로 하면 스트레스에 저항할 수 있는 에너지가 길러지게 되며, 숙면에도 좋기 때문에 스트레스 해소에 많은 도움이 된다.

과거에 연연하지 않기

과거는 지울 수 없다. 그렇다고 해서 그 과거에 얽매여서는 안 된다. 실패에 연연하거나 과거에 잘났던 자신의 모습에만 집착하는 사람들은 현실에 충실할 수 없기 때문에 스트레스를 많이 받는다. 이런 사람들은 '그럼에도 불구하고' 자세를 길러야 한다. '나는 취업에 실패했다. 그럼에도 불구하고 더욱 노력해서 더 좋은 곳으로 취업할 것이다'라는 자세로 과거에 연연하지 않으면 스트레스를 더 효과적으로 관리할 수 있다.

과도한 카페인과 지나친 음주 피하기

홍차, 커피 한두 잔은 머리를 맑게 해주고 집중력을 높일 수 있지만, 과도하게 섭취하면 숙면을 방해해서 만성 피로에 따른 스트레스로 이어질 수 있다. 특히 요즘 유행하는 고카페인 음료는 각성제로 피로를 잠시 잊게 해줄 뿐, 피로 자체를 풀어주는 게 아니므로 주의하여 섭취해야 한다.

그런가 하면 술 한 잔 먹고 스트레스를 풀려는 사람들도 있다. 물론 갑갑한 일상을 잠시 잊기 위해 소량의 술을 마시면 실제로 스트레스를 해소하는 데 효과가 있다. 하지만 한두 잔 먹으려고 했던 술이 조절이 안 되는 경우가 20대 한창 나이에 특히나 빈번히 발생하곤 한다. 과음을 하면 다음날 숙취 때문에 계획했던 일을 할 수 없고, 생활이 흐트러져 또다시 스트레스로 돌아온다. 또한 지나친 음주는 피부 트러블을 유발할 수 있다. 피부가 안 좋아지면 이것 역시 스트레스가 된다. 술을 적절히 조절하며 마시는 습관을 들이자.

이외에도 친구와의 대화, 스스로 격려하기, 취미생활, 명상, 스트레칭 등 스트레스를 관리하는 방법에는 여러 가지가 있다. 자기에게 맞는 스트레스 관리법을 찾아 스트레스를 쌓아두지 말고 그때그때 해소하여 적절히 관리하자. 스트레스를 받지 않는 삶을 살 수는 없다. 현명하게 관리하여 활기 넘치는 행복한 인생을 살아가길 바란다.

무조건적인 긍정인가,
대안 있는 긍정인가

결국에는 성공하리라는 믿음을 잃지 않는 동시에,
눈앞에 닥친 현실의 냉혹한 사실들을 직시하라.
— 짐 콜린스

'긍정적인 마인드를 가져야 한다'라는 말을 수없이 들어 봤을 것이다. 말 그대로 긍정의 시대가 맹위를 떨치고 있는 요즘이다. 세계적인 베스트셀러들은 긍정의 가치를 담고 있으며 부정은 바람직하지 않은 것으로 바라본다. 하지만 과연 이런 막연한 긍정주의가 이롭기만 할까?

긍정의 중요성을 주장할 때 어김없이 등장하는 것이 바로 '피그말리온 효과'다. 피그말리온 효과는 그리스 신화에 나오는 조각가 피그말리온의 이름에서 유래한 심리학 용어이다.

조각가였던 피그말리온은 자신의 이상형에 맞는 완벽한 여인을 조각하고, 그 조각상을 사랑하게 된다. 그러던 어느 날 아프로디테 제전일에 간절히 기도하면 소원을 들어준다는 소식을 듣고, 신에게 자신의 조각상과 같은 여인을 아내로 맞이해 달라

미래와 진로를 고민하는 20대가 준비해야 할 것들

고 간절히 기도한다. 이 기도를 들은 아프로디테는 피그말리온의 간절한 사랑에 감동받아 여인상에게 생명을 불어다 주었다는 일화에서 유래하여 자신 혹은 상대방에게 지속적으로 기대하면 그 기대에 충족되는 결과가 나온다는 의미를 담고 있다.

  그렇다면 우리는 한 번 생각해볼 필요가 있다. '나는 할 수 있다. 그래 다 잘 될 거야'라는 막연한 기대를 가지고 일을 수행하면 모두 좋은 결과를 가지고 올 수 있을까? 답은 아니라는 것이다. 우리가 알고 있는 긍정적 사고의 법칙에 의하면 긍정적인 생각만 하고 집중하면 모두 원하는 바를 이루어야 하는데 실제로는 그렇지 않을 경우가 있기 때문이다. 긍정 마인드를 가지고 산다 해도 청년실업률이 최고라는 기사를 매일 접하면서 불안감을 완전히 떨쳐버릴 수는 없다. 게다가 전 세계적으로 저성장 시대를 맞아 점점 암울한 소식들만 더 많이 들리는데 마냥 긍정적일 수만도 없다.

  물론 긍정적인 태도가 매우 중요하고 삶을 살아가는 데 꼭 필요한 자세이긴 하지만 그렇다고 무조건적인 긍정은 위험하다. 긍정의 힘만 강조하다 보면 자신에게 유리한 사실만 보기 때문에 현실을 직시하기가 힘들다. 중요한 것은 긍정과 부정의 균형이다. 균형이 무너져서 한쪽으로 치우쳐 과잉이나 과소가 될 경우 부작용을 초래한다. 지나친 긍정 때문에 부작용을 초래한 일화들을 알아보자.

'스톡데일 패러독스'란 말이 있다. 스톡데일은 베트남전쟁 때 하노이 힐튼 포로수용소에 갇혔던 미군 중 최고위 장교였는데 8년간 그는 잘 될 거라는 믿음을 잃지 않는 가운데 현실을 끝까지 직시하며 대비했기 때문에 견뎌낼 수 있었다. 반면 다른 포로들 가운데 곧 나갈 수 있을 거라고 믿었던 낙관론자들은 대부분 상심을 못 이겨 죽고 말았다고 한다. 이 일화가 말해주듯이 '스톡데일 패러독스'는 역경에 처했을 때 그 현실을 외면하지 않고 정면 대응하면 살아남을 수 있는 데 반해, 아무런 대책 없이 일이 잘 풀릴 거라고 낙관만 해서는 무너지고 만다는 '희망의 역설'을 이야기하고 있다.

스톡데일의 일화뿐만 아니라 긍정이 과해서 초래한 참화는 많다. 스마트폰 보급이 활성화되기 시작할 무렵 노키아의 개발진들은 아이폰과 같은 스마트폰을 하루라도 빨리 개발해야 한다며 경영진에게 끊임없이 피력했다. 하지만 경영진은 "괜찮아, 걱정하지 마."라며 이를 무시했다. 결국 노키아는 한때 모바일 시장의 강자로 군림했다가 삼성과 애플에 밀려 사업부를 접는 경영악화를 겪고 말았다.

영국의 밀레니엄 돔Millennium Dome 프로젝트의 예도 마찬가지다. 밀레니엄 돔은 런던 남동쪽 그리니치 반도에 있는 건축물이다. 이 프로젝트는 2만 3천 명을 수용할 수 있는 전시장 및 공연장으로 계획되었다. 프로젝트를 진행하는 도중 다른 위험요소들이 많았지만 잘될 거라는 장밋빛 전망만 믿고 강행했다. 결국 밀레니엄 돔은 2000년 1월 1일에 개장하여 그 해 12월 31일에 문을 닫는 참담한 실패를 겪고 말았다.

마지막으로 130년 간 기업을 이끈 코닥 필름의 예도 좋은 사례이다. 코닥 필름은 디지털 카메라가 출시되기 전까지 전세계 필름 시장을 장악하고 있었다. 디지털 카메라의 시장이 점차 확대되고 있었지만, 필름에 대한 선호도 역시 계속 높아질 거라는 안일한 생각으로 비즈니스를 이끌어 갔다. 이처럼 막연한 긍정이 130년 동안 지켜온 장수기업을 한순간에 무너뜨리고 만 것이다. 코닥 필름은 2012년 1월 파산보호 신청을 했다.

이렇게 막연한 긍정만을 추구하다 실패한 사례가 있는 반면, 부정적인 측면을 충분히 고려해 현실을 직시함으로써 성공한 사례가 있다. 미국의 투자회사 뱅가드의 한 애널리스트는 당시 모든 애널리스트가 찬양한 서브프라임 모기지 상품(신용등급이 낮은 저소득층에 주택 자금을 빌려주는 미국의 주택 담보대출 상품)에 대해 투자를 피해야 한다고 피력했다. 뱅가드 회사는 이 한 명의 애널리스트의 반대 의견을 적극 수용했다. 그후 머지않아 서브프라임 모기지론 사태가 일어나 글로벌 금융 위기를 맞게 된 상황에서 피해를 막을 수 있었다.

또한 미국의 종합 화학회사인 듀폰은 200년 전통을 가진 세계 굴지의 기업이다. 오랜 세월 속에서도 지치지 않고 명맥을 유지할 수 있었던 비결은 바로 기업의 정체성을 끊임없이 부정하고 발전을 도모한 데 있다. 듀폰은 시장에서 원하는 히트 상품을 내놓지 못하면 연구소를 개혁해서 자신의 스타일을 부정한다. 그리고 다시 시장에 최대한 귀를 기울이고 고객들의 피드백을 받아 다시 제품을 개발한다. 이처럼 지금의 성공에 안주하지 않고 계속 변화하며, 과거의 스타일을 부정하고 결별을 시도했기 때문에 지금의 듀폰이 있을 수 있었다.

마지막 사례로 빌 게이츠 회장의 '악몽 메모'를 들 수 있다. 그가 직접 쓴 메모에는 경쟁사들의 위협, 기술, 지적 재산권, 고객 불만 등 여러 가지 부정적인 요소들로 가득했다. 그가 이 메모를 작성한 시기가 윈도우의 점유율이 급격히 높아지고, 동종업계에서 선두주자로 급성장하고 있던 시기임을 주목해야 한다. 빌 게이츠 회장은 경영이 최고조인 상황 속에서도 늘 최악의 순간을 고려하였고, 이런 그의 부정적 인식이 오히려 긍정의 효과를 내어 마이크로소프트가 성장할 수 있는 밑거름이 되었다.

실제 사례들에서 볼 수 있듯이 무조건적인 긍정 및 낙관적 태도에는 위험이 따른다. 우리는 지나친 긍정을 경계하면서 숨어 있는 부정의 힘에도 주목할 필요가 있다. 적절한 부정적 태도는 현실을 보다 냉철하게 볼 수 있고, 직시할 수 있으며 올바른 판단을 하는 데 효과적이다.

이 글을 읽는 당신도 꿈을 이룰 수 있다는 믿음을 가짐과 동시에, 현실을 직시해서 자신의 취약한 부분을 파악하고 보완해야 한다. 긍정과 부정의 균형을 이루어 한 단계 더 높은 곳으로 비상하길 바란다.

누군가의
머릿속에 기억되는
'미소'의 힘

미소는 가장 강렬한 영향력을 주는 유일한 것이다.
– 디어도어 루빈

한순간이지만 그 기억은 평생 갈 수 있는 것, 가치는 무궁무진하지만 다른 사람에게 물려주거나 나누어줄 수 없는 것, 그리고 너무 부유해서 모두가 필요로 하는 것. 이것은 무엇일까? 바로 '미소'다.

당신은 하루에 몇 번이나 미소를 짓는가? 아마도 10번 이상이라고 대답하는 사람이 극히 드물 것이다. 심지어 한 번도 없다는 사람도 있을지 모른다. 통계적으로 아이들은 하루에 400번 이상 미소를 짓는다고 한다. 당신도 아이였을 때는 미소를 많이 지었을 것이다. 하지만 차츰 자랄수록 웃음이 없어지고 자신도 모르게 무표정한 인상을 하고 있을 때가 많다.

나이가 들수록 이런 현상은 훨씬 심해지기 때문에 지금부터라도 미소 짓는 습관을 들여야 한다. 실제로 미소가 주는 장점에는 여러 가지가 있다.

첫째, 기업 면접에서 플러스 요인으로 작용한다. 삼성전기 인사과에 근무하는 친구에게 어떤 요소가 면접의 당락을 결정짓느냐고 물었더니 그 사람이 짓는 미소가 큰 영향을 미친다는 답을 주었다. 그는 미소가 자연스러운 사람은 첫인상이 좋으며 실제로도 성품이 온화하고 여유가 넘친다고 덧붙였다.

이처럼 자연스러운 미소는 면접관의 마음을 사로잡는다. 자연스러운 미소는 하루아침에 만들어지는 것이 아니기 때문에 꾸준한 트레이닝이 필요하다. 매일 아침 일어나서 거울을 보며 미소 짓기 트레이닝을 해보자.

둘째, 미소는 설득과 영업에 용이하다. 특히 영업사원이 되거나 추후 사업을 하려는 사람들에겐 미소가 더 중요하다. 미소가 영업에 미치는 효과를 알아보기 위해 휴대폰 매장에 방문한 실험 참가자들이 미소를 짓는 직원, 무표정한 직원, 그리고 뾰로통한 직원들과 각각 상담을 했다. 그 결과 미소를 짓는 직원과 상담한 사람들이 구매로 이어질 확률이 높았고 전반적으로 긍정적인 반응을 보였으며, 추후 재구매를 유도할 수 있는 단골이 될 확률도 높았다. 반면에 무표정한 직원, 뾰로통한 직원과 상담한 사람들은 제품을 단 한 개도 구매하지 않았으며, 직원의 태도에 불쾌함과 불만을 표시하고 상점을 나갔다고 한다. 그만큼 미소를 지으면 상대방을 설득하는 데 용이하고 영업에서도 긍정적인 효과를 줄 수 있다.

셋째, 미소는 기억에 도움을 준다. 회사 생활을 하다 보면 굉장히 많은 사람들을 만나게 되는데 기본적인 예의로라도 만나는 사람의 이름을 기억하는 게 좋다. 문제는 매일 보는 사람도 아니고 가끔 보는 사람들의 이름까지 기억하기가 쉽지 않다는 점이다. 그런데 내가 겪은 바로는 처음 만났을 때 온화한 미소로 인사를 건네는 분의 이름은 오랫동안 기억에 남았다. 반면 무표정한 얼굴로 무성의하게 인사를 건네는 분의 이름은 몇 번을 만나도 다른 사람에게 이름을 물어보기 바빴다.

실제로 듀크 대학교의 로베르토 카베자 교수는 FMRI(기능성 자기 공명 영상) 연구를 통해 미소가 이름을 기억하는 데 도움을 준다는 사실을 과학적으로 밝혀냈다. 그의 연구에 의하면 우리의 뇌는 다른 사람과 상호작용할 때 긍정적이고 사교적인 신호에 민감하게 반응하기 때문에, 자신에게 미소를 짓는 친절한 사람의 이름을 더 쉽게 기억할 수 있다고 한다.

처음 보는 사람과 인사를 건넬 때 미소를 지어보자. 돈 들지 않고 자신을 어필할 수 있는 가장 좋은 방법이다. 다른 사람, 특히 윗사람을 한 번 뵙고 나서 다음에 또 뵈었을 때 자신의 이름을 기억해주면 굉장히 뿌듯하고 기분이 좋다. 다른 사람이 내 이름을 기억해주길 바란다면 오늘부터 얼굴 표정을 살피고 미소를 지어보려고 노력하자.

넷째, 미소는 신체 건강에 좋다. 과학적 근거에 따르면 우리가 미소를 짓는 것만으로도 뇌하수체에 영향을 주는 전기적 자극이 생긴다고 한다. 그에 대한 반응으로 뇌에서 엔도르핀을 분비시키며 이는 신체 건강에 긍정적인 영향을 끼친다. 이에 대한 예를 살펴보자.

미국의 유명한 잡지 《새터데이 리뷰Saturday Review》의 편집장인 노만 커즌스는 50살이 되던 해에 희귀한 관절염인 강직성 척수염을 선고받았다. 이 병은 500명 중에 한 명 정도 살아남을 정도로 치사율이 굉장히 높은 병이다. 그는 매일 같이 고통스러운 치료를 받고 있었는데, 하루는 코미디 프로그램을 보고 난 후 통증이 줄어드는 느낌을 받았다.

그날부터 그는 코미디 영화를 챙겨보고 유머가 가득한 책을 찾아 읽었다. 자신이 희귀병에 걸린 사실도 잊은 채 미소 짓고 웃기를 반복했다. 그렇게 며칠을 보내자 진통제와 수면제 없이는 잠자리에 들 수 없었던 그가 2시간을 편히 잘 수 있게 되었다. 점점 미소와 웃음의 효과가 나타난 것이다. 미소를 짓고 웃음을 유지하며 생활한 결과, 희귀병이 완쾌되었을 뿐 아니라 그 후로도 건강을 유지하며 살 수 있게 되었다. 이처럼 미소는 코르티솔, 도파민과 같은 스트레스를 높이는 호르몬의 수치를 낮출 수 있고, 엔도르핀을 분비하여 아픈 사람도 낫게 한다. 그야 말로 희망의 빛이며 묘약이 아닐 수 없다.

마지막으로 미소는 상대방에게 호감을 줄 수 있다. 소개팅을 해 본 경험이 있는 사람은 쉽게 공감할 수 있을 것이다. 소개팅을 할 때 상대방이 별다른 매력이 없어도 자신의 얘기에 잘 웃고 미소를 지어주면 없었던 호감도 생길 수 있다. 반면에 아무리 잘생기고 예뻐도 무뚝뚝한 무표정으로 일관한다면 첫인상의 호감이 유지되지 않는다.

미소가 타인의 행동에 미치는 영향을 실험한 또 다른 예가 있다. 한 여성이 실험 대상자에게 길을 물을 때 미소를 짓고 물어보는 것과 무표정하게 물었을 때 어떻게 반응하는지 비교해 본 것이다. 그 결과 미소를 짓고 물어본 경우 길을 알려준 확률이 70%였고, 무표정하게 물어본 경우 길을 알려준 확률이 35%밖에 되지 않았다. 이 실험에서도 알 수 있듯이 미소는 상대방에게 호감과 긍정적인 영향을 준다. 미국의 코미디언이자 피아니스트인 빅터 보즈는 미소를 "두 사람이 가장 가까워지는 지름길"이라고 표현했다.

이 밖에도 미소가 주는 장점은 수없이 많다. 돈이 들지 않고 많은 것을 이루어 낼 수 있는데, 굳이 인색해질 필요가 있겠는가? '나이가 들면 얼굴에 책임을 져야 한다'라는 말이 있다. 평소 자신이 주로 어떤 얼굴 표정을 짓고 사느냐에 따라 그 사람의 인상이 결정되기 때문에 생긴 말이다. 20대인 당신은 꾸준히 미소를 짓는 습관을 들여 추후 나이가 들어도 좋은 인상을 유지할 수 있도록 하자. 그리고 다시 한 번 말하지만 자연스러운 미소는 짧은 기간에 완성되지 않는다. 거울을 보고 자신에게 가장 어울리는 미소를 찾은 후 매일같이 트레이닝하여 그 미소를 온전히 자신의 것으로 만들어보자.

읽고 대화하고 실행하라

우리가 무엇을 생각하느냐, 무엇을 알고 있느냐,
무엇을 믿고 있느냐는 별로 중요하지 않다.
중요한 것은 결국 우리가 무엇을 행동으로 실천하느냐이다.
— 존 로스킨

대형 서점에 가보면 유난히 사람들이 모여 있는 코너가 있다. 바로 자기계발서가 진열된 코너다. 베스트셀러 코너 대부분이 자기계발서로 가득 차 있다. 이쯤 되면 질문이 떠오를 것이다. 도대체 자기계발서가 뭐길래 이렇게 불티나게 팔리는 것일까?

자기계발서는 이른바 처세 실용서이다. 처세란 사람들과 사귀며 살아가는 것을 뜻하므로 사회생활을 의미한다. 따라서 자기계발서는 사회생활의 지혜와 기술을 담은 책이라고 할 수 있다.

오늘날 이런 자기계발서를 대학생, 직장인, 사업가 등 많은 사람들이 읽고 있으며 그 인기는 사그라지지 않고 꾸준하다. 이렇게 많은 사람들이 자기계발서를 읽는 이유는 무엇일까? 아마도 자기계발서를 통해 경쟁력을 높이고, 보다 나은 미래를 계획

하며, 성공하고 싶은 마음 때문일 것이다. 혹은 지금 자신의 처지를 위로받고 깨달음을 얻어 인생의 전환점을 만들고 싶은 이유일 수도 있겠다.

나는 대학생 때 자기계발서를 본격적으로 읽기 시작했다. 집안 사정이 갑자기 안 좋아지자 '더 이상은 이렇게 살면 안 되겠구나'라는 생각이 들었다. 좀 더 나은 내가 되고 싶었고, 인생의 터닝 포인트를 만드는 방법을 찾고 싶었다.

처음 자기계발서를 서너 권 읽었을 땐 실질적인 변화가 별로 없었음에도 불구하고 책을 사서 읽는 행위 자체만으로 뿌듯함을 느꼈다. 저자가 십수 년 동안 시행착오를 거쳐 습득한 지식을 단 몇 시간 만에 습득할 수 있으니 얼마나 뿌듯한 일인가? 그렇게 자기계발서에 점점 중독되어 갔고 자기계발서를 읽는 일이 인생의 유일한 낙이었다.

물론 자기계발서에 대한 비판적인 시각들도 많다. 가장 큰 이유는 자기계발서 내용이 다 '거기서 거기'라는 것이다. 다시 말해 결국 '열정을 가지고 열심히 살아라', '긍정적으로 살아라' 등 대부분 다 아는 뻔한 내용이라며 깎아내리기 바쁘다. 또 어떤 사람들은 '며칠 지나면 다 잊힌다', '따라 한다 해도 저자처럼 절대 성공할 수 없다'는 등 이유도 다양하다.

이런 이유들 중 일부는 틀린 주장이 아니며 나 또한 일정 부분 동의한다. 하지만 일방적으로 '자기계발서를 읽지 마라'는 주장에는 동의할 수 없다. 수많은 자기계발서를 읽으며 내가 느낀 점은 비슷한 내용을 담고 있다 하더라도 저자가 가지고 있는 색깔과 경험은 모두 다 다르다는 것이다. 책마다 비슷한 이야기를 하고 있을지 몰라도 그것을 어떻게 표현하고 보여주는가에 따라 독자에게 미치는 영향은 분명히 다르다. 읽을지 말지를 결정하는 것은 온전히 독자의 몫이기 때문에 선입견을 갖고 일방적인 주장을 해서는 안 된다고 본다.

오히려 비슷한 종류의 자기계발서를 많이 접하다 보면 자신이 원하는 내용만 선별해서 볼 수 있는 혜안을 기를 수 있다. 사실 구구절절 옳은 말만 써놓는 것이 자기계발서의 특징 중 하나이기 때문에 어느 정도 비판적인 사고방식을 가지고 자신에게 유의미한 것들만 추려내야 한다. 그러다가 보석처럼 건져낸 의미 있는 몇 가지 메시지를 자기 삶에 적용시킴으로써 개선의 실마리로 삼으면 된다. 이것이야말로 수많은 사람들이 자기계발서를 읽는 이유이자 자기계발서가 가진 장점이다.

그렇다면 자기계발서의 단점은 무엇인가? 자기계발서의 유일한 단점은 유통기간이 짧다는 것이다. 처음 자기계발서를 읽으면 '나도 할 수 있다'는 자신감이 하늘을 찌르고 긍정적인 마음이 솟구친다. 하지만 지금까지 살아온 자신의 생활 습관과 근본적 태도가 쉽게 바뀔 리 없다. 며칠이 지나면 무기력한 자신의 모습에 금세 우울해지고 자기계발서에서 받은 위로는 온데간데없어진다.

급히 먹은 밥이 체하듯이 급하게 주입시킨 자신감과 긍정적 태도도 내 것이 되기 전에 사라져 버린다. 그리고 이런 감정들이 사라지는 것이 두려워 또 다른 자기계발서를 읽으며 응급처방을 받고, 결국엔 이같은 패턴이 계속 반복된다. 그런 의미에서 자기계발서는 탄산음료에 견줄 수 있다. 마시는 순간은 톡 쏘며 시원하지만 근본적으로 목마름을 해소시켜 주지는 못한다. 오히려 마시고 난 뒤 갈증이 더 심해지는 경우도 있다.

중요한 것은 자기계발서를 읽는 데에만 그치지 않고 꾸준히 실행하는 노력이다. 자신이 어느 대목에서 공감이 가고 깨달음을 얻었으면 바로 실행에 옮겨야 한다. 가령 새벽에 일어나서 시간을 최대한 활용한다거나, 꾸준히 운동하는 습관을 기른다거나, 몰입할 수 있는 자신만의 취미활동을 가져보는 등 하나라도 개선할 수 있는 것들을 찾아 실천해야 한다.

실행을 하지 않고 자기계발서를 읽는 데에만 그친다면 자신에게 아무런 도움이 되지 않는다. 실행의 노력이 따르지 않는 한 자기계발서가 주는 교훈은 무의미할 뿐이다. 진정한 자기계발이란 자신과의 진지한 대화 속에서 자신의 내면성을 찾고 부지런히 학습하는 것이다. 물론 깨달음이 크고 절박한 상황이어야지만 이런 노력은 계속 유지될 수 있다. 그렇지 않은 상황에서 무작정 실행하면 작심삼일이 될 확률이 높다.

결론적으로 우리가 접하는 모든 자기계발서의 콘텐츠는 홀

륭하다. 저자가 혼신의 힘을 다해 쓴 글이며 십수 년 동안 쌓아 온 살아있는 지식이다. 물론 그렇다고 해서 그 지식을 맹신하는 것 또한 금물이다. 개개인의 성향과 처한 환경이 모두 다르므로 자신이 원하는 정보와 지식만 습득할 필요가 있다. 그리고 자기계발이 개개인의 잠재력과 결부돼 좋은 결과로 나타나기 위해서는 무엇보다 실행이 중요하다는 사실을 항상 잊지 말기를 바란다. 부디 당신이 이 책의 한 대목에서라도 깨달음을 얻어 내일부터 당장 실행하기를 희망해본다.

메모와 일기 쓰기,
기록은 기억보다 세다

일기는 사람의 훌륭한 인생 자습서다.
— 이태준

20대에는 '자유', '안정'이라는 단어보다 '구속', '혼란'이라는 단어가 더 어울린다고 생각한다. 적어도 나의 20대는 그랬다. 능력은 한정되어 있는데 해야 할 일은 너무 많고, 열정과 패기는 항상 넘치는데 경험과 연륜이 부족하여 실패를 거듭하는 심적으로 불안정한 시기였다. 인생에 대한 뚜렷한 가치관과 미래에 대한 확신이 부족하여 내면은 항상 소란스러웠고, 주변의 환경과 영향에 따라 색상을 바꾸는 카멜레온과 같은 생활이 이어졌다. 그 당시에 나는 내가 어떤 사람인지를 모르고 살았던 것 같다.

그런 시끄러운 내면을 다스리고, 방황하는 칼날을 멈추기 위해 실행한 일은 일기 쓰기였다. 초등학교 이후로 일기를 제대로 써본 적도 없고 습관이 되어 있지 않아서 많이 망설였는데, 외할머니께서 도움을 주셨다. 나의 외할머니는 근 50년 동안 하루도 빠지지 않고 일기를 쓰시는 분이다. 외할머니는 자신의 내면을 들여다보고 자아의 상처를 치유하는 데 일기 쓰기만큼 좋은 게 없다고 항상 강조하셨다. 그래서 나도 속는 셈치고 한 번 시작해 보기로 했다. 그때 만약 내가 일기 쓰기를 계속하지 않았으면 어떻게 되었을까? 과연 지금과 같은 삶을 살고 있을까? 절대 아니었을 거라고 확신한다. 이후 한 권씩 쌓여가는 나의 일기장은 무엇과도 바꿀 수 없는 보물이 되었다. 일기 쓰기란 매일 자신을 들여다보며 또 다른 자신과의 이야기를 나누는, 삶에서 무엇보다 필요한 일이다.

20대에는 인생의 공허함과 슬럼프가 찾아온다. 자신의 처지와 지금의 상황을 누군가에게 털어놓고 싶으나 그럴 수 없어서 답답함을 느낄 때가 있다. 설령 타인에게 자신의 생각과 고민거리를 이야기한다 해도 그 순간 잠시 위안을 받을 수는 있겠지만, 최종적인 결정은 오롯이 내 몫이라는 사실은 변하지 않는다. 결과적으로 모든 결정은 자신이 해야 하며 그 책임 또한 자신에게 있다. 불쑥 그런 순간들이 찾아올 때 일기를 써보자. 일기는 자신의 내면과 대화를 하듯이 쓰면 된다. 꾸준히 일기를 쓰면서 자신의 내면을 꼼꼼하게 들여다보며 더 나은 선택을 해나간다면, 공허함과 슬럼프를 빠른 시일 내에 극복할 수 있을 것이다.

일기를 쓰다 보면 마음을 치유하는 것 외에도 여러 가지 장점들이 존재한다. 내가 일기를 쓰면서 느낀 일기 쓰기의 장점은 크게 여섯 가지다.

첫째, 글짓기 능력이 향상된다. 처음에는 모르겠지만 일기 쓰는 일을 되풀이하다 보면 자신도 모르게 문장력이 좋아진다. 일기장을 두세 권 쓰고 나서 첫 번째로 쓴 일기장을 보면 자신의 문장력과 문체, 단어의 선택 등이 확연하게 달라졌음을 알 수 있다. 일기를 계속 쓰다 보면 점점 더 자신의 글이 다듬어지고 정확해지기 때문이다.

둘째, 추억을 기록으로 남길 수 있으며 불확실한 기억을 확실하게 해준다. 일기는 자신의 일상을 매일 기록하는 일이다. 먼 훗날 그날의 일이 기억나지 않을 때 꺼내서 보면 그때 일을 명확하게 회상할 수 있다. 그날의 자기 생각과 느낌을 확실하게 기억할 수 있기 때문에 추억을 영원히 간직할 수 있다. 사람의 기억은 불완전하고 망각이 심해서 시간이 지나면 왜곡되거나 변질될 수 있는데, 일기로 기록을 해놓으면 이러한 일들을 방지할 수 있다.

셋째, 같은 실수를 피할 수 있다. 인간은 누구나 실수를 할 수 있지만 같은 실수를 반복해서는 안 된다. 실수를 했을 때 '그럴 수도 있지 뭐'라고 생각하며 대수롭지 않게 넘기는 등 자신이 왜 실수를 했는지 돌아보려 하지 않기 때문에 똑같은 실수를 범하기 마련이다. 하지만 일기를 쓰면 자신이 한 실수에 대한 생각과 그에 대한 다짐을 적어 놓게 된다. 그렇게 함으로써 훗날 같은 일이 발생되어도 실수를 되풀이하지 않고 더 좋은 결과가 나올 수 있게 해준다.

넷째, 학생에게는 공부하는 습관을 길러주며 직장인에게는 업무의 효율성을 높여준다. 매일 일기를 쓴다는 것은 책상 앞에 앉아 있는 시간이 길어진다는 것을 의미한다. 처음 일기를 쓰기 시작하면 생각보다 고통스럽고 어려울 것이다. 나 역시 그랬다. 하지만 점차 시간이 흐를수록 익숙해졌고 책상에 앉아 있는 시간이 늘어나게 되었다. 시험기간에 항상 벼락치기만 했던 나였는데, 일기를 꾸준히 쓰고 난 후부터 평상시에도 공부하는 습관이 생겼다.

또한 직장인이라면 업무의 효율성을 높일 수 있는데, 이는 메모의 생활화 때문이다. 일기를 쓰면 요약하는 능력이 향상되어 메모를 할 때에도 꼭 필요하고 중요한 부분만 축약해서 메모를 할 수 있기 때문에 남들보다 빠르게 일을 처리할 수 있다. 메모의 생활화가 안 되어 있는 사람은 메모하는 것이 귀찮아서 머릿속에 담아두려고 하지만 인간의 기억력은 한계가 있기 때문에 한두 가지는 꼭 놓치고 만다. 그래서 정말로 중요한 일을 놓치는 경우가 분명히 발생한다.

다섯째, 미래에 대한 계획과 생각을 정리해준다. 20대에 일기를 쓰면 그동안 불안하기만 했던 불확실한 미래에 대해 재정립하는 기회를 얻을 수 있으며, 앞으로 해야 할 일, 하고 싶은 일에 대해서도 세부적으로 정리할 수 있다. 매일 느낀 것과 아이디어를 정리해두면 미래의 사업 아이템이 될 수도 있고, 자신이 어떤 일을 좋아하는지 어떤 일을 하면 가슴이 뛰는지도 알 수 있다.

여섯째, 스트레스 해소에 도움을 준다. 우리는 하고 싶은 말을 다 하지 못하면 스트레스를 받곤 하는데, 하지 못한 말을 일기장에 적어 내려가면 마음의 짐을 내려놓을 수 있다. "임금님 귀는 당나귀 귀!"라며 신나게 자신의 마음을 분출할 수 있는 일기장은 나만의 울창한 숲이다. 업무 중에 상사에게 받았던 스트레스도 일기를 쓰면 어느 정도 해소된다.

이토록 장점이 많은 일기 쓰기는 20대에 꼭 실천해야 할 일이다. 세계적 문호임과 동시에 문명비평가이자 사상가였던 톨스토이 역시 60년간 일기를 썼다. 그는 일기를 통해 자신의 콤플렉스를 극복하기 위한 내면과의 싸움을 치열하게 벌였다. 그의 자녀들 역시 그의 습관인 일기 쓰기를 본받아 오늘날 명문가로서의 기틀을 다지는 데 중요한 역할을 했다.

《찰리의 초콜릿 공장》, 《마틸다》의 저자인 영국의 로알드 달 역시 일기 쓰기 애호가이다. 그의 일기 쓰기 습관은 아버지로부터 물려받았다. 달의 아버지는 비록 그가 세 살 때 돌아가셨지만, 그는 아버지의 일기를 평생 동안 간직했다. 그 일기에는 전쟁이 일어난 5년 동안의 일들에 대해서 상세하게 기록되어 있었다고 한다. 로알드 달 역시 그의 아버지를 본받아 꾸준히 일기를 썼으며, 그의 일기 쓰기 습관은 그를 세계적인 동화작가로 키워준 원동력이 되었다.

일기를 쓴다는 것은 어떻게 보면 굉장히 사소한 일이다. 이런 사소한 습관이 위대한 작가를 만들어낸다. 이처럼 세계적으로 성공한 사람들의 공통적인 요소는 바로 좋은 습관에 있었다. 당신도 오늘부터 일기를 쓰는 습관을 가져보길 바란다. 시간이 없다고, 귀찮다고 생각하지 말고 일단 시도해보자. 충분히 가치 있는 일이 될 것이다. 작심삼일이 되더라도 내일로 미루지 말고 오늘부터 당장 시작해보자.

인생은 습관으로
결정된다

4^장

청춘을 낭비하지 않는
똑똑한 스펙 쌓기

스펙,
자신만의 스토리로
승부한다

마냥 먼 미래의 일을 근심하며 오늘을 걱정하는 것보다
현재 자신이 해야 할 일부터 차근차근 해결하는 것이 현명하다.
― 토마스 칼라일

'스펙'은 설명서라는 뜻의 'Specification'의 줄임말이다. 이는 학력, 학점, 어학점수, 어학연수, 자격증, 공모전, 인턴 경험, 봉사활동 등 취업을 위해 증명 가능한 모든 것을 말한다. 요즘 대학생들은 남들보다 많은 스펙을 쌓기 위해 골머리를 앓고 있다. 이제 갓 고등학교를 졸업한 새내기임에도 불구하고 남들보다 뒤처지지 않으려고 1학년 때부터 스펙 쌓기에 돌입한다.

대부분 대학 1학년 때는 관련 학과의 동아리 활동을 하면서 대학생으로서 가져야 할 기본 소양과 인맥을 쌓고, 2학년 때는 자격증을 취득하거나 공모전, 봉사활동과 같은 대외활동을 한다. 그리고 3학년 때는 어학연수를 가거나 교환학생을 신청하고, 4학년 때는 토익TOEIC, 토익 스피킹TOEIC SPEAKING과 같은 어학점수를 취득해 기업 인턴활동에 참여한다. 이런 과정이 우리나라 대학생들 사이에서 어느 순간 정석이 되어버렸다.

스펙 쌓기는 사실상 대학 사회만의 현상도 아니다. 스펙 가운데 많은 사람들이 제일 중요하게 생각하는 스펙이 바로 '학벌'이다. 물론 요즘 같은 취업난에는 일류 대학 학벌도 정규직 대기업 취업을 보장해주진 않지만 남들보다 나은 출발선에서 시작한다는 사실은 부정하기 힘들다. 그러니 우리나라 학생들은 고등학교 때부터 스펙 쌓기를 하고 있다고 해도 과언이 아니다. 고등학생 때는 일류 대학에 진학하기 위해, 대학생 때는 좋은 직장을 얻기 위해 수많은 청춘들이 스펙 쌓기 전쟁을 치르고 있다. 이런 전쟁 속에서 과연 승자가 되기 위해서는 어떻게 해야 할까?

공인 영어시험 성적에 지나치게 시간을 쏟지 마라

취업 준비생에게 토익과 토익 스피킹과 같은 공인 영어 시험 성적은 상당히 골칫덩어리다. 몇 점을 받아야 하는지, 어느 정도가 충분한지 가늠하기가 어렵기 때문이다. 하지만 기업의 인사담당자들을 만나서 얘기를 나눠보면 영어 성적에 지나치게 신경 쓸 필요가 없다고 말한다. 구직자를 선별하는 최소한의 기준일 뿐 최종 합격의 당락을 결정하는 요소는 절대 아니라는 것이다.

실제로 나도 외국계 기업인 3M에 입사했을 당시 토익 815점,

토익 스피킹 6급이었다. 심지어 같은 사무실에서 일하는 선배님들 중에는 공인 영어 시험 점수가 없는 분들도 있었다. 어떤가? 매일 같이 영어로 이메일을 쓰고 외국 방문객들이 수시로 드나드는 특성상 영어회화를 자연스럽게 구사해야 하는 회사마저도 그리 높은 영어 실력을 요구하는 건 아니라는 이야기다.

물론 고득점 영어 성적을 원하는 분야도 있다. 해외 영업과 같은 영어 능력이 필수적인 곳이 이에 해당한다. 그런 분야에 지원하는 것이 아니라면 평균 정도 수준의 성적만 취득하면 된다. 일정 점수를 취득하면 더 이상 그곳에 시간을 낭비하지 않고 자신이 취약한 분야에 시간을 투자하는 것이 바람직하다.

누구나 있는 자격증은 취득하나 마나다

서류전형의 자격증란에 한 줄이라도 채우기 위해 많은 대학생들이 MOSMicrosoft Office Specialist와 같은 컴퓨터 관련 자격증이나 한자능력 자격증 등을 취득한다. 물론 한자능력 자격증은 가산점을 주는 기업도 있지만 그것 역시 적성검사의 일환일 뿐, 최종 합격 당락에는 영향을 주진 않는다.

실제로 회사 인사부 팀장님과 대화를 나눠보니 "남들은 다 갖추고 있는데 자신만 없는 것 같아 두려워서 취득하는 자격증은 시간 낭비일 뿐 큰 도움이 안 된다."라고 말씀하셨다. 그러면서 "정작 기업은 스펙 위주의 전형을 실시하고 있지 않은데 지원자는 자신의 스펙이 부족해서 탈락한 것 같다는 오해를 하고 이를 보완하기 위해 또다시 고高 스펙 쌓기에 돌입한다. 아직도 지원자와 기업의 인식 차이가 크다."라고 덧붙이며 매우 안타까워하셨다.

요즘은 국가직무능력표준인 NSCNonspec Competency Based Recruitment 기반으로 서류전형을 도입하는 기업들이 늘고 있다. 이는 입사지원서에 어학점수와 자격증 기재란을 없앤 탈脫 스펙 채용을 하고 있다는 반증이다. 물론 그렇다고 해서 자신이 지원하는 분야에 적합한 자격증까지 취득하지 말라는 얘기는 아니다. 분명히 어필할 수 있는 공란이 있으며 면접에서도 유용하게 활용된다. 지원자들은 직무에 연결된 자격증이 무엇인지 파악하고 그에 맞게 준비해야 한다.

나 역시 취업 준비생일 때 직무에 관련된 자격증을 취득했다. CPIMCertification Production and Inventory Management이라는 자격증인데, 번역하자면 국제생산재고관리사다. 지원하고자 했던 분야인 SCMSupply Chain Management에 매우 적합했다. 지금은 많이 유명해졌지만 당시의 대학생들은 거의 취득하지 않은 자격증이어서 경쟁력이 있었다. 그리고 3M은 미국 소유의 외국 회사이기 때문에 이 자격증에 대해 인정을 많이 해주었고, 최종 합격 당락에 큰 영향을 미쳤다. 이처럼 남들이 다 취득하는 자격증이 아닌 자신의 전공 혹은 지원하는 분야의 직무에 관련된 자격증이 무엇인지 파악한 후 취득하는 것이 중요하다.

지원하는 분야의 직무가 어떤 일을 하는지, 어떤 자격증을 필요로 하는지 자세히 알고 싶다면 betomorrow.co.kr 사이트를 방문해 강의를 들어보라고 권하고 싶다. 이 사이트에는 각 분야의 현직에서 근무하고 있는 분들의 실질적인 경험들이 담겨 있다.

자신만의 스토리를 만들어야 한다

스펙보다 더욱 중요한 것은 남들과 차별화된 나만의 스토리를 만드는 것이다. 스토리를 만들기 전에 본인이 정말 하고 싶은 일이 무엇인지, 왜 그것이 하고 싶은지에 대한 자기성찰이 필요하다. 그러고 나서 기업에서 원하는 인성(열정, 도전, 협동심, 창의성 등)에 해당하는 자신만의 독특한 스토리를 만들어야 한다. 이런 스토리는 준비 없이 나오지 않으며 많은 시간을 투자해야 한다.

가령 남들 다 가는 어학연수가 아닌 히말라야 산맥의 에베레스트산을 등반한다든지, 지원하고 싶은 분야가 자동차 산업이라면 자동차를 만드는 동아리에서 활동해보는 것이다. 직접 자동차를 조립해서 대회 수상 경험이 있다면 면접관의 궁금증을 충분히 유발할 수 있지 않겠는가? LG전자에 입사한 어떤 분은 여섯 살 때 아버지 손을 잡고 트윈타워에 가서 구매한 LG 트윈스 어린이 유니폼을 들고 면접실에 들어갔다고 한다. 그리고 "20년 전부터 유난히 LG트윈스를 좋아했던 한 소년이, 이제 LG전자의 문을 두드립니다."라는 말로 자신을 소개했다고 한다. 이처럼 남들과는 차별화된 자신을 기억하게 해줄 만한 스토리가 있어야 한다.

취업 시즌이 다가오면 여기저기에서 취업에 성공한 친구들의 소식이 들려온다. 겉으로는 축하해주지만 마음 한구석에는 의구심이 들기도 할 것이다. '내가 재보다 학점 관리도 잘했고 토익 점수도 높은데… 누가 봐도 내 스펙이 훨씬 좋은데 왜 나는 안 되고 재만 취업에 성공한 걸까?'

그러나 이런 생각을 하기 전에 자신의 적성과 목표에 대한 고려 없이 마구잡이식 스펙 쌓기를 하진 않았는지 곰곰이 생각해보자. 그들이 당신보다 특별해서 취업에 성공한 건 결코 아니다. 오늘부터 자신에게 끊임없이 질문을 던져보자. '내가 무엇을 했을 때 가장 즐거운가?' 거기에 초점을 맞춰 올바른 스펙을 쌓고 자신만의 스토리텔링을 들려줄 수 있다면, 당신은 기필코 취업의 바늘구멍을 통과할 수 있을 것이다.

유능한 인재를 꿈꾼다면
입사 전부터 준비하라

적당한 노력으로는 아무 것도 얻을 수 없다.
– 에디슨

대부분의 대학생들은 워드와 한글 프로그램 사용에는 익숙하지만 엑셀과 파워포인트 활용은 무척 서툰 편이다. 회사에 입사해서 일을 해보면 알겠지만 워드와 한글 사용은 거의 전무하다. 모든 자료는 엑셀과 파워포인트를 통해 만들어지며 프레젠테이션에 활용된다. 그렇기 때문에 입사하기 전 엑셀과 파워포인트 사용에 익숙해지면 동기들보다 업무의 효율성을 높일 수 있다.

물론 MOS와 같은 자격증 취득이 도움이 되기는 하겠지만, 실제 업무의 활용도는 그리 크지 않다. 중요한 것은 실무의 자료를 만드는 스킬이다. 꾸준히 자료를 만들어 보고 엑셀 함수를 사용해보며 그래프를 만들 줄 알아야 한다. 그 다음으로 파워포인트로 정리하는 기술이 필요하다.

먼저 엑셀에 대해 살펴보자. 회사생활을 하다 보면 엑셀을 잘하는 사람과 그렇지 못한 사람의 시간 활용도는 매우 차이가 난다. 예를 들어, 내가 다니는 회사 사무실에는 엑셀의 신이라고 불리는 C군이 있다. 그의 업무처리능력은 다른 사람들에 비해 월등히 뛰어나다. 보통 사원들이 3시간 걸릴 일을 그는 1시간 만에 처리하곤 하는데, 그 비결이 엑셀을 능숙하게 활용하기 때문이다. 남들이 모르는 함수를 척척 사용하거나 웬만한 단축키를 거의 다 외우고 있어 그만큼 시간을 줄일 수 있는 것이다.

이처럼 같은 일을 하는데 적절한 기술을 활용해 빠른 시간 안에 업무를 처리하는 사람이 있는 반면, 기술을 익히지 못해 더디게 업무를 처리하는 사람이 있다. 전자는 항상 업무시간 내에 자신의 일을 대부분 소화하지만 후자는 잦은 야근에도 불구하고 일이 줄지 않고 오히려 점점 쌓이게 마련이다. 당신이 회사 상사라면 누구에게 더 호감을 느끼겠는가?

부끄럽지만 나 역시도 신입 때 후자에 속하는 사람이었다. 입사 전에 컴퓨터 활용능력 2급 자격증을 취득했지만 실무에서는 간단한 그래프도 만들 줄 몰라서 쩔쩔매는 등 당혹감을 감추지 못했다. 그렇게 입사 초기에 업무는 쌓여만 갔고 '입사하기 전에 엑셀을 좀 익혀둘 걸…' 하며 후회가 가득한 시간을 보냈다.

당신은 부디 이런 시행착오를 겪지 말기를 바란다. 입사하기 전 미리 엑셀 책을 한 권 구입해서 엑셀을 익숙하게 사용할 수 있도록 익히는 게 좋다. 자주 사용하는 단축키를 외우고, 서식 및 조건부 서식에 대한 사용방법을 익혀야 한다. 또한 IF, SUMIF, SUM, AVERAGE, COUNT, COUNTIF, VLOOKUP, ISERROR, MATCH 등 자주 사용하는 함수들의 사용법을 완벽히 숙지해 놓고, 가능하다면 자주 사용하지 않는 함수들도 익혀두면 좋다. 이는 입사 후 빠른 업무 처리에 상당히 도움이 될 것이다.

마지막으로 한눈에 알아볼 수 있는 그래프를 자주 만들어 봐야 한다. 그래프를 알아보기 쉽고 자신이 원하는 대로 만들 줄 아는 게 생각보다 어렵기 때문에 꾸준히 연습해서 스킬을 익히는 게 중요하다. 이 정도만 미리 준비해 놓아도 입사 후 시행착오를 덜 겪을 것이며 시간을 아낄 수 있다. 입사하면 선배들이 다 알려 줄 거라는 기대는 버리는 것이 좋다. 미리 준비해서 유능한 사원이 되자.

오피스 프로그램의 꽃이라고 불리는 엑셀의 활용은 그야말로 무궁무진하다. 꼭 회사의 업무뿐만 아니라 추후 사업을 하거나 개인적인 업무를 위해서라도 엑셀을 사용해 자료를 정리하면 훨씬 수월하다. 지금부터라도 부지런히 엑셀 사용법을 숙지하자.

다음은 파워포인트의 활용이다. 파워포인트는 여러 사람 앞에서 자신의 생각을 발표할 때, 시각적 보조 자료를 활용할 수 있는 소프트웨어다. 이런 파워포인트를 대학생 때는 조별 과제 혹은 발표수업에서 사용한다. 하지만 조에서 정작 한두 사람만이 자료를 만들 뿐 구성원 모두가 파워포인트로 자료를 만드는 것은 아니다. 그렇기 때문에 대학생 때 파워포인트 자료를 능숙하게 만들 줄 아는 스킬을 익히는 것은 자신의 노력이 없으면 사실상 어렵다. 물론 몇몇 기업에서 프레젠테이션 면접을 실시하기 때문에 이에 대비해서 준비하는 학생들도 있다. 그러나 평소에는 준비를 설렁설렁하다가 적성검사에 합격하고 난 후에야 비로소 제대로 준비하는 학생들이 태반이다.

파워포인트의 전체적인 레이아웃과 색상, 폰트, 도형 및 아이콘의 사용, 애니메이션 효과 등을 능숙하게 사용하는 것은 하루아침에 완성되는 게 아니기 때문에 반복 연습이 필요하다. 가장 좋은 방법 중에 하나는 잘 만들어진 파워포인트를 똑같이 따라 해서 만들어 보고, 자신의 스타일대로 응용하고 수정하여 온전히 자신의 스킬로 흡수하는 것이다. 잘 만들어진 웹사이트를 하나 선정해서 그와 비슷하게 슬라이드를 제작해보는 것도 좋은 방법이다. 인터넷에서 구할 수 있는 파워포인트를 사용하지 않고 직접 만들어 봐야지만 빠른 시일 내에 여러 가지 기능에 익숙해질 수 있다.

나의 대학교 선배 중에 H씨는 'UnivPTUniversity Presentation'라는 카페를 창시한 프레젠테이션의 달인이다. 그는 대학시절부터 꾸준히 프레젠테이션과 스토리텔링법을 연구하였고, 결국엔 삼성SDS에 입사했다. 현재 카페는 1만 6천 명 정도의 회원이 있으며, 회원들은 여러 공모전 및 프레젠테이션 대회에서 상을 수상하고 있다. 이런 종류의 카페에 가입하고 활동함으로써 대학생 때부터 프레젠테이션 스킬을 익히면 굉장히 도움이 된다. 회사에 입사하면 프로젝트의 끝은 항상 프레젠테이션으로 끝나기 때문에 입사하기 전에 역량을 키워놓으면 동기보다 수월하게 회사생활을 할 수 있을 것이다.

엑셀과 파워포인트의 사용을 익히는 것은 회사생활을 하기 위한 필수 덕목 중에 하나이다. 보다 시간적 여유가 있는 지금부터 사용법을 완벽히 숙지해서 입사한다면 시행착오를 줄일 수 있고, 남들보다 한 발 더 앞서갈 수 있다. '내일부터 하면 되지'라는 생각은 접고 바로 오늘부터 당장 관련된 책을 구매해 연습을 시작해보자.

나의 스피치 능력은 몇 점

인생을 망치지 않으려면 자신의 말에 신경을 써라.
— 셰익스피어

말하기란 상호 간의 의사소통에 있어 가장 기본적인 요소다. 이런 기본적인 요소가 바로 성공의 요인으로 이어진다. 말을 잘하지 못하면서 성공을 바랄 수는 없다. 이는 대화에 자신이 없으면 성공으로 가는 길은 매우 험난한 여정이 될 수 있음을 뜻한다.

셰익스피어는 "인생을 망치지 않으려면 자신의 말에 신경을 써라."라고 했고, 이집트의 한 묘비에는 "말에 명인이 되면 지위나 권력은 자연히 따라오게 된다."라는 말이 새겨져 있다고 한다. 이처럼 말하기란 매우 중요하다. 성공적인 인생을 결정짓는 주요한 요인으로 작용한다.

본격적으로 말하기 능력을 어떻게 키울 수 있는지에 대해 알아보기 전 자신이 달변가인지 아닌지 간단한 테스트부터 해보

자. 아래의 두 상황 중에 자신이 선호하는 쪽을 하나 선택하면
된다.

1. 낯선 사람에게 말을 건넬 바에야 36도 불볕더위 속 길 한
   복판에 혼자 서있겠는가?
2. 호프집에 들어가 생전 처음 보는 사람 옆에 앉아 말을 걸
   겠는가?

2번을 선택한 사람은 그만큼 말하기에 자신이 있고, 자신의
의견을 내세우는 데 능통한 사람이다. 그렇다고 1번을 선택했다
고 해서 크게 실망할 필요는 없다. 왜냐하면 1번을 선택한 사람
이 훨씬 많기 때문이다. 선천적으로 말을 잘하는 사람이 있기
는 하지만, 대부분 말하기는 후천적으로 발달하기 마련이다. 연
습하고 노력하면 어느 누구나 달변가가 될 수 있으며 당당하게
2번을 선택할 수 있는 날이 올 것이다. 대화의 신, 토크계의 전
설이라고 불리는 래리킹은 자신의 저서인 《대화의 신》에서 자신
의 말하기 능력이 어느 정도이든 다음의 2가지는 꼭 명심하라
고 말한다.[26]
- 스스로 말을 잘하지 못한다고 생각해도, 당신은 잘할
  수 있다.
- 스스로 말을 잘한다고 생각해도, 지금보다 더 잘할 수
  있다.

그렇다면 이제 자신의 스피치 능력을 어떻게 하면 키울 수 있는지를 알아보자. 내가 다니고 있는 회사에서는 매일 아침 한 명씩 돌아가면서 자유주제로 1분 스피치를 한다. 처음에는 말하기 주제를 정하는 게 어렵고 이걸 대체 왜 하는지 몰라서 짜증이 났지만 지금은 오히려 고마워하고 있다. 청중 앞에서 자신의 생각을 말할 수 기회는 강사가 아니면 매우 드물다. 그런데 그런 기회를 매일 가질 수 있으니 얼마나 고마운가. 다음은 약 5년 동안 1분 스피치 시간에 사람들을 지켜보면서 느낀 점과 어떻게 하면 스피치 능력을 키울 수 있는지 깨달은 점들을 이야기하고자 한다.

말하는 것에 앞서 듣기를 잘해야 한다

이미 앞에서 경청의 중요성에 대해 설명하였으니, 자세한 내용은 생략하겠다. 다른 사람의 말을 제대로 듣지 못한다면, 자신의 말 역시 상대방에게 잘 전달될 수 없으며 경청하게 할 수 없다. 경청이 말하기의 기본자세라는 사실을 잊지 말자.

말하는 목적 및 목표를 명확히 설정해야 한다

청중에게 자신이 말하고자 하는 목적과 목표를 명확하게 설정해야 한다. 그렇지 않고 말하기를 시작하면 두서가 없고 표현이 애매해지거나 모호해지기 마련이다.

듣는 이에게 분명하게 자신의 메시지를 전달하려면 말하기에 앞서 목적과 목표를 먼저 정리해보자.

상대방을 이해시켜야 한다

자신의 생각만 계속해서 말한다면 듣는 이의 이해를 이끌어 낼 수 없다. 상대방을 이해시키려면 논리적인 사고가 바탕이 되어야 한다. 보다 객관적이고 논리적으로 자신의 생각을 상대방에게 간결하게 말하고 그에 대한 이유나 설명, 혹은 예를 통해 상대방을 이해시켜야 한다. 상대방의 공감과 이해를 이끌어 내지 못한다면 일방적인 커뮤니케이션이 되고 만다.

상대방의 니즈를 파악한다

자신의 생각을 온전히 받아들이느냐 아니냐는 상대방에 의해 결정된다. 따라서 상대방이 무엇을 원하는지 먼저 파악할 필요가 있다. 지금 고민하고 있는 가려운 곳을 긁어주면 말하기의 효과는 배가 된다. 반대로 상대방의 니즈를 파악하지 못한 상태에서 말을 하면 뜻이 잘 전달되지 않고, 공감을 이끄는 데 실패한다.

정확한 발음과 억양의 조절이 필요하다

말하고자 하는 내용을 효과적으로 전달하기 위해서는 정확한 발음과 억양을 조절하는 능력을 키워야 한다. 회사에서 스피치를 듣다 보면 혀가 짧거나 발음이 부정확한 사람들이 있다.

아무리 좋은 내용이라도 발음이 부정확하면 좀처럼 집중하기가 어렵다. 그리고 억양을 조절하지 않고 한 가지 톤으로 계속 말한다면 이것 또한 듣는 이의 집중을 방해한다. 평소 발음이 부정확하다는 말을 듣는다면 이를 교정하기 위해 노력하고, 스피치 전문가의 동영상을 보면서 억양을 조절하는 방법도 벤치마킹해보자.

재미 혹은 감동을 주어야 한다

너무나 당연한 말이지만 말에 재미가 없으면 관심을 끌 수 없다. 하지만 유머와 위트를 겸비해 남을 웃기기란 쉽지 않다. 꾸준히 유머에 관심을 갖고 책을 읽으며 잔 지식을 쌓아야지만 유머러스한 사람이 될 수 있다. 평소에 재치가 있고 남을 잘 웃기는 사람의 말과 제스처를 유심히 보면서 자신의 것으로 만들기 위해 노력하자.

만약 자신이 유머와 거리가 먼 사람이라면 재미를 대신해서 감동을 주어야 한다. 이는 상대방과 자신 사이에 끊임없이 감정적인 요소가 교차되는 것을 뜻한다. 진실성 있게 청중과 소통한다면 비록 재미가 없더라도 훌륭한 스피치가 될 수 있다. 진실된 목소리와 제스처를 익히자.

말하고자 하는 내용을 글로 써보자

이야기할 내용의 아웃라인을 미리 생각하여 글로 적은 다음

반복적으로 읽어서 머릿속에 주입해 놓으면, 자연스럽게 말할 수 있게 되고 말을 빠뜨림 없이 모두 전달할 수 있다. 특히 많은 사람들 앞이나 중요한 자리에서 스피치를 해야 한다면 보다 철저하게 서론-본론-결론의 아웃라인을 준비해서 통째로 외운 다음, 인위적이지 않고 자연스럽게 나올 때까지 계속 연습해야 한다.

자신의 스피치의 모니터가 필요하다

훌륭한 스피치가 되기 위해서는 자신의 잘못된 점과 개선해야 될 부분을 분석해야 한다. 그러기 위해서는 지속적인 모니터가 필요하다. "아름다워지고 싶은 사람들에게는 거울이 가장 좋은 스승이고, 말을 잘하고 싶은 사람에게는 모니터링이 가장 좋은 스승이다."라는 말이 있다. 자신의 스피치를 녹음하거나 녹화하여 모니터하고 목소리, 억양, 표정, 제스처 등을 분석한 후, 보완해야 할 부분을 개선해 나가야 한다.

물론 지금까지 말한 방법들보다 더 중요한 스피치 요소는 바로 자신감이다. 미소를 머금은 표정과 여유로운 느낌으로 차분히 스피치를 하는 모습을 보면, 그 사람이 얼마나 자신감을 가지고 말하고 있는지를 느낄 수 있다. 이런 자신감은 다름 아닌 엄청난 양의 연습이 쌓여서 형성된다. 반복의 중요성을 강조한 피카의 명언이 있다.

"독수리가 하늘 높이 날기 위해서는 그전에 몇 번이고 세찬 바람 속에서 나는 연습을 해야 한다. 그렇지 않으면 아무리 독수리라 할지라도, 다만 땅 위를 기어 다녔을 것이다."

당신이 말을 잘하는 사람일지라도 노력하지 않으면 뒤처질 수밖에 없다. 반면에 말을 잘하지 못하는 사람일지라도 피나는 노력과 수련을 쌓으면 충분히 훌륭한 스피치를 할 수 있다. 숙련은 힘보다 강하다는 사실을 잊지 말자.

자신을 브랜딩하고
마케팅하는 방법

> 글 쓰는 일은 좋은 것이다. 일종의 특권이다.
> 걱정스러운 허영심과 실패에 대한 두려움을 제외한다면
> 어려울 게 없는 일이다.
> ─ 브렌다 올랜드

당신은 평소에 글을 쓰는 습관을 가지고 있는가? 여기서 글이란 페이스북Facebook과 같은 SNS에 올리는 짤막한 글이 아닌 기승전결을 갖춘 글을 뜻한다. 아마도 그런 습관을 가진 대학생이 그리 많지 않을 것이다. 물론 요즘 대학 입시에는 논술고사가 있어서 고등학교 때부터 많은 이들이 글쓰기 훈련을 하고 있다. 하지만 막상 대학교에 입학하면 글을 쓰는 연습을 게을리해 그나마 있었던 작문 실력마저 줄어들고 만다.

당신이 지금 대학생이라면 교양 과목에 있는 글쓰기 수업을 하나도 빠짐없이 모두 수강하라고 권하고 싶다. 나 역시 대학생일 때 '글쓰기의 기초', '과학기술과 글쓰기', '철학적 논리와 글쓰기'와 같은 글쓰기에 관한 모든 교양 강의를 수강했다. 글쓰

기 강의를 들으면 억지로라도 글을 써야 함은 물론이고 자신의 글을 첨삭받을 기회가 생긴다. 실제로 자신의 글이 어디가 틀렸고 어떻게 수정해야 문맥상 매끄러워지는지 첨삭을 받을 기회가 흔치 않다. 본래 자신이 쓴 글은 왠지 모르게 그럴싸해 보이기 쉽다. 남들이 보기에는 형편없는 글임에도 불구하고 말이다. 그런데 글쓰기 수업을 들으면 이런 오류를 바로잡을 수 있다. 따라서 대학생활을 하는 동안 글쓰기 능력을 필수적으로 키워야 한다. 글쓰기 능력을 키워야 하는 이유는 크게 세 가지다.

첫째, 글쓰기 능력은 리더가 되기 위한 필수요소이다. 리더십에 있어 글쓰기 능력은 핵심역량이다. 자신의 생각을 글로 표현하지 못하면 리더의 자격은 없는 것과 같다. 훌륭한 리더는 글을 써서 충분히 연습하고 말로 상대방에게 전달할 수 있어야 한다. 글은 조직 구성원들의 설득을 용이하게 하고 변화를 가져다 준다.

둘째, 말보다 글은 훨씬 힘이 세다. 아무리 미리 생각하고 말한다 한들 중언부언이 되기 쉽다. 그러므로 상대방에게 자신의 진심이 전달되기가 어렵다. 하지만 글로 쓰면 보다 논리적이어서 상대방의 집중을 이끌 수 있기 때문에 온전히 자신의 생각과 마음을 효과적으로 전달할 수 있다.

셋째, 글쓰기는 의사소통의 핵심 수단이다. 회사생활을 하다보면 글쓰기가 곧 일하기라는 것을 실감하게 된다. 매일 같이

E-mail로 커뮤니케이션하며 보고서, 제안서, PT자료 작성 등 모든 업무가 글로 이루어지기 때문이다. 그만큼 글을 잘 쓰면 업무의 효율성과 생산성이 높아진다.

그런가 하면 대학생 때 글쓰기 능력을 키운다는 것은 어떻게 보면 가장 중요한 스펙 중 하나가 될 수 있다. 어떤 기업에서든 마찬가지로 취업을 위한 첫 번째 관문은 서류전형으로 자기소개서를 쓰는 것이다. 이런 자기소개서에서는 인사담당자의 마음을 움직이는 것이 무엇보다 중요하다. 그러려면 흥미를 끌고 감동을 주는 자신의 이야기를 펼쳐야 하는데, 기본적인 글쓰기 능력이 없다면 과연 가능할까?

간혹 인사담당자가 모든 지원자들의 서류를 읽어보는 것은 불가능하다고, 서류심사는 필터링을 할 수밖에 없다며 자기소개서에 심혈을 기울이지 않은 사람들이 있다. 이는 굉장히 잘못된 생각이다. 당신의 초봉이 3천만 원이라고 가정하고 퇴직할 때까지 회사가 당신에게 투자하는 금액은 자그마치 10억 2천만 원이다(26세에 입사, 60세 퇴직, 임금이 동일하다고 가정할 때). 임금이 매년 인상된다는 것까지 가정하면 이보다 훨씬 높은 금액을 회사는 당신에게 투자해야 한다. 그런데도 모두 읽지 않을 것 같은가? 말도 안 되는 소리다.

물론 지원자가 몇 만 명쯤 되는 대기업에서는 서류심사를 필터링할 수도 있다. 그렇다고 면접에서까지 자기소개서를 안 읽어 보는 것은 아니다. 면접관들은 지원자가 어떤 사람인지 빠른 시간 안에 알아보기 위해 자기소개서를 한 번 훑어보고 면접실에 들어간다. 이때 지원자의 글이 굉장히 잘 써져 있고 임팩트가 있으면 단번에 좋은 인상을 심어줄 수 있다. 반면에 기본적인 맞춤법도 틀리고 문맥이 자연스럽지 못한 글이라면 면접에 임하기 전부터 마이너스 점수를 줄 것이며 흥미를 잃을 것이다.

내가 대기업에 원서를 넣었을 당시 서류전형 합격률이 60% 정도였다. 물론 지금 보면 썩 잘 쓴 글은 아니다. 중요한 것은 자신만의 스토리를 기업의 인재상과 연결해야 한다. 그 당시 내가 썼던 자기소개서를 일부 공개한다.

지금까지 경험한 난관이 있다면, 이를 어떻게 대처했습니까?

대학생이 되고 그해 여름 제 자신의 한계를 알아보고 싶어서 자전거 국토 일주라는 도전을 시작했습니다. 젊은 날의 열정과 패기만으로 출발한 여행은 처음부터 쉽지 않았습니다. 하루 6~7시간을 달리는 일은 초보 라이더에게는 버거운 일이었습니다. 처음 며칠을 허벅지 근육으로 고생했고, 안장과의 마찰 때문에 살이 벗겨지기도 했습니다. 급기야 바퀴가 펑크가 날 때에는 제자리에 주저앉고 싶었습니다. 지나쳐온 마을로 바람 빠진 자전거를 끌고 돌아가는 길에는 다 때려치우고 돌아가고 싶다는 생각이 들었지만 여기에서 포기할 수는 없었습니다. 누가 알아봐 주는 것도 아닌 오로지 저의 도전정신만 가지고 출발한 여행, 그러한 여행을 견뎌내는 것이야말로 가장 값진 도전이고 열정이라는 생각이 들었습니다.

자전거를 수리하고 다시 국도를 따라 페달을 밟고 또 밟으며 여행을 이어나갔습니다. 끝이 보이지 않는 오르막길, 잘못 들어온 길, 갑작스러운 비, 불편한 잠자리, 갈증과 더위 등 여행을 어렵게 하는 요소들이 무척 많았습니다. 하지만 끊임없이 페달을 밟고 최선을 다한 결과, 약 1,813km의 거리를 32일간의 여행 끝에 종지부를 찍을 수 있었습니다.

끝까지 포기하지 않고 최선을 다한다면 반드시 이룰 수 있다는 것을 경험한 저는 어떤 일에서든지 용기와 희망을 잃지 않습니다. 이런 열정과 도전정신을 한국 3M을 위해 바치고 싶습니다.

무릇 자기소개서뿐만 아니라 글을 잘 쓰면 여러모로 쓸모가 많다. 글 쓰는 걸 좋아하고 소질이 있는 사람이라면 자신만의 책을 써보라고 권하고 싶다. 전업 작가나 전문 학자만이 책을 쓴다고 생각하는 사람들이 아직도 많은 것 같다. 하지만 요즘은 대학생, 직장인, 의사, 판사 등 각자 다양한 분야에서 자신의 경험과 지식을 나누는 사람들이 너무나도 많아졌다. 나만 봐도 지극히 평범한 직장인이지 않은가?

물론 처음에 책을 쓰겠다고 몇몇 지인들에게 말했을 때의 반응은 시원찮았다. 할 수 있을 거라며 응원해준 사람들도 있었지만, 대부분 반신반의하는 분위기였다. 많은 사람들이 자신은 내세울 게 없다며 책을 쓸 수 없다고 생각하는데, 절대 그렇지 않다. 사람은 누구나 자신만의 콘텐츠를 가지고 있다. 이는 평범한 대학생일 때도 마찬가지다.

자신이 대학생인데 전공에 관한 책을 한 권 출간했다고 가정해보자. 회사 면접에 임했을 때 결과가 어떻게 되겠는가? 그 분야의 전문가로 볼 것이며 채용하려고 안간힘을 쓸 것이다. 그야말로 주객이 전도되는 상황이 일어날지도 모른다. 책을 써보는 도전은 자신을 브랜딩하고 마케팅하는 데 가장 좋은 방법이다. 당신이 직장인이라 해도 마찬가지다. 책을 쓰면 은퇴를 걱정하지 않고 평생 현역으로 살아갈 수 있다. 20대 청춘인 당신에게 책 쓰기의 경험이 얼마나 도전할 만한 가치가 있는 일인지 꼭 알려주고 싶다.

요즘 시중에는 책 쓰기에 도움을 주는 책들이 꽤 많이 있다. 대표적인 책으로는 조관일의 《탁구영의 책 한 권 쓰기》, 조영석의 《인생의 돌파구가 필요한 여러분 이젠, 책 쓰기다》 등이 있다. 이런 책들을 읽어보고 자신만의 컨텐츠를 생각해 도전해보자.

다시 강조하지만 글쓰기 능력을 키운다는 것은 단순히 스펙을 키우는 것만이 아니다. 글쓰기 능력을 키우면 논리적인 사고와 남을 설득하는 능력을 겸비할 수 있다. 이는 당신이 무슨 일을 하든지 간에 사회생활을 하는 데 있어 가장 필수적이고 핵심적인 능력이다. 관심과 노력을 기울여 글쓰기 능력을 키우고, 가능하면 책도 써보자. 당신을 작가로서 만날 날을 고대해본다.

청년 창업,
잃는 것보다 얻는 게
더 많다

운명은 용감한 자의 편이다.
– 베르길리우스

경기 침체가 지속되면서 청년들이 취업난에 봉착했고, 50~60대의 베이비부머의 은퇴 시기가 점차 빨라지면서 일자리 창출이 사회적 문제로 계속해서 거론되고 있다. 경기 부진을 극복하고 일자리를 창출하는 방안으로는 무엇이 있을까? 바로 '창업'이 그 해답의 하나가 될 것이다. 남들 다 하는 스펙 쌓기에 투자할 시간도 없는 마당에 갑자기 창업이라니… 무슨 말도 안 되는 소리냐며 코웃음을 칠지도 모르겠다. 하지만 단언컨대 창업을 함으로써 잃는 것보다 얻는 게 훨씬 많다.

내가 말하는 창업은 점포나 사무실을 소유하여 막대한 자금이 들어가는 창업이 아닌, 최소한의 자금을 투자해서 시도해볼 수 있는 창업을 뜻한다. 시도해보고 적성도 맞고 재미있어서 그

미래와 진로를 고민하는 20대가 준비해야 할 것들

분야에 올인해야겠다는 생각이 들면 열정을 가지고 시간과 자본을 투자해보라. 만약 실패한다고 해도 자신만의 강력한 스토리를 가질 수 있을 것이며, 실패 요인을 분석해서 훗날 다시 사업을 진행할 때 성공으로 이끌 수 있는 밑거름이 될 것이다.

나는 초등학교 때부터 작은 장사를 하곤 했다. 가족끼리 여행을 갔다 오면 그 지역의 기념품이나 특이한 장난감, 학용품 등을 아버지에게 돈을 빌려 구입해 친구들에게 이윤을 붙여서 팔았다. 팔고 난 대금으로 빌린 원금을 상환하고 나머지 이윤은 용돈으로 썼다. 그리고 집안의 안 쓰는 물건들이나 책, 장난감 등도 한 번씩 모아서 친구들과 후배들에게 싼 가격에 팔아 넘기고는 했는데, 버리는 것보다 훨씬 이익이 되겠다는 생각이 들어서였다.

중·고등학교 때는 대형 마트에서 생수를 300원에 대량 구입하여 냉동실에 얼린 후 공휴일이나 주말에 유달산(목포에 있는 산)에 올라가 등산객에게 1천 원에 팔았다. 이런 장사를 시작한 이유는 아버지와 우연히 등산을 하고 나서였다. 유달산은 정상 부근까지 올라가야지만 물을 구매할 수 있는 상인이 있어서 그때까지 목마름을 해소할 수 없는 불편함이 있었다. 등산로의 중간 지점에서 팔면 좋겠다는 생각에 미치자 등산객들을 유심히 살펴보게 되었다. 유달산은 정상 높이가 228m인 아담한 산이기 때문에 등산 장비나 물 등을 제대로 갖추지 않고 가볍게 오는 사람들이 많다는 걸 알 수 있었다. 그렇게 시작한 장사는 꽤나 성공적이었고, 그 덕분에 당시 또래 친구들보다 좀더 여유롭게 생활할 수 있었다.

나의 도전은 거기서 멈추지 않았다. 대학생 때는 형과 같이 인터넷 쇼핑몰을 운영했다. 동대문에서 옷을 떼어와 마진을 붙여 인터넷에서 판매를 했는데 처음에는 생각했던 것보다 훨씬 잘 되었다. 그러나 시간이 지나면서 점점 매출이 줄어들었다. 그때의 실패 요인은 마케팅에 있었다. 둘 다 사업에 초보였기 때문에 효과적인 마케팅 방법에 대해 잘 알지 못했고, 단골손님들에 의한 매출만 있었을 뿐 신규 고객에 의한 매출이 늘지 않고 있었다. 결국 손해 보지 않는 선에서 사업을 접을 수밖에 없었다. 비록 실패를 했지만 이 경험을 통해 도전정신과 열정을 키울 수 있었으며, 무엇보다 물류의 흐름과 원가의 개념을 뚜렷하게 잡을 수 있었다. 또한 그때 내가 재고관리와 물류쪽에 관심이 많다는 사실을 알게 되었다. 이 경험은 나의 진로를 정하는 데 소중한 나침반 역할을 해주었다.

이와 같이 어떻게 보면 나는 어렸을 때부터 1인 창업자였다(1인 창업의 정확한 명칭은 '1인 창조 기업'이다). 1인 창업을 하면 영업과 마케팅, 구매, 물류 등 모든 것을 혼자 도맡아 해야 한다. 뿐만 아니라 회계와 세무에 대한 지식도 겸비해야 한다. 이런 지식들은 추후 직장생활이나 사회생활을 할 때 큰 이점으로 작용한다.

창업을 해서 사업을 하다 보면 자신이 어느 분야에 관심이 있고 특기가 있는지 알 수 있다. 만약 대학생 때 사업을 해보고 난 후 기업에 입사지원을 하면 어느 부서에 자신이 흥미를 가지고 있는지에 대해 미리 파악이 가능하며, 그 부서에서 어떤 일을 도맡아서 하게 될지도 예측할 수 있다. 뿐만 아니라 자신이 어떻게 해야 회사에 기여할 수 있는지 경험을 통해 알고 있으므로 여러모로 도움이 된다.

이런 장점이 있는 1인 창업에 대해 요즘 정부에서는 많은 지원을 해주고 있다. 만약 아이디어는 있는데 자금이 부족하다면, 창업 자금을 지원해주는 정부기관을 찾아 사업 계획서를 제출하고 통과한 후 지원받으면 된다. 창업 자금을 지원받을 수 있는 정부기관은 다음과 같다.

〈1인 창업 관련 주요 정부 기관〉

■ **중소기업청:** 1인 창업뿐만 아니라 창업의 형태를 추진하는 모든 이들이 반드시 활용해야 하는 곳으로 특히 중소기업청 온라인 사이트 메뉴 중 '알림 소식'과 '지원정책'은 수시로 확인해야 한다. '알림 소식' 메뉴는 관련 사업에 대한 공지사항과 경영에 필요한 뉴스 중심으로 구성되어 있으며, '지원정책' 메뉴는 금융, 기술, 판로·수출, 인력, 창업·벤처, 컨설팅, 여성·장애인 기업, 전통시장·소상공인, 지식 서비스 등으로 구성되어 예비 창

업자나 창업자가 자신에게 필요한 내용을 손쉽게 확인할 수 있다. 문의 : www.smba.go.kr

■ **중소기업기술정보진흥원**: 1인 창업 사업에 크게 관여해 실제적으로 운영을 지원하는 기관으로 업무 영역은 1인 창조 기업을 포함한 중소·벤처기업의 R&D 지원, 정보화 지원, 경영 혁신 지원, 기술 양재 양성, 조사 연구로 구분되며 1인 창업을 운영하면서 비즈니스 모델을 더욱 강화하고 싶을 때 도움을 받을 수 있다. 문의 : www.tipa.or.kr

■ **한국콘텐츠진흥원**: 1인 창업의 사업 대상 및 추진 목적을 고려할 때 콘텐츠 관련 분야는 1인 창업의 주요 분야이며, 2011년 9월 30일 제정된 1인 창업 육성에 관한 법률 시행령에 따르면 '기존 1인 창업 업무와 문화 산업과 관련한 업무를 한국콘텐츠진흥원에 위탁할 수 있다'라고 명시되어 있다. 콘텐츠를 사업 내용으로 하는 1인 창업가들은 한국콘텐츠진흥원의 공모 사업과 지원 내용 등을 꾸준히 확인해야 한다. 문의 : www.kocca.kr[27]

위의 세 곳뿐만 아니라 창업을 지원해주는 기관들이 꽤 많다. 부디 자신이 도전해보고 싶은 일을 찾아 한 살이라도 젊을 때 도전해보길 바란다. 만약 실패해도 당신은 다시 취업이라는 돌파구가 있다. 당신의 소중한 경험은 도전정신과 열정을 중요시하는 기업의 인재상에도 플러스 요인으로 작용할 것이다.

직장생활을 하다 보면 회의감이 찾아오고 3~4년 동안 같은 일을 하다보면 매너리즘에 빠지게 된다. 이럴 때일수록 자기 사업을 하고 싶은 욕구가 솟구친다. 만약 당신이 창업을 한 경험이 있다면 사업가로서 기질이 있는지 미리 파악해볼 수 있다. 사업가로서 성공할 수 있겠다는 확신이 든다면 직장생활을 하면서 창업 자금을 모으는 데 전념하면 된다. 반면에 사업이 적성에 안 맞는다고 생각이 든다면 온전히 샐러리맨으로 성실하게 일함으로써 매너리즘을 극복하면 된다. 시행착오를 미리 경험해볼 수 있고 장점이 무수히 많기 때문에 20대 청춘 시기에 창업은 시도해볼 만하다. 열정을 가지고 한 번 도전해보자.

5^장

관계, 사람을 남겨라

소통 없는 인맥은 과감히
정리하라

어리석은 자와 가까이 말고, 슬기로운 이와 친하게 지내라.
그리하여 존경할만한 사람을 섬겨라.
이것이 인간에게 최상의 행복이다.
— 대길상경

인맥이란 인적 네트워크로써 정계, 재계, 학계 등에서 형성된 사람들의 유대관계를 뜻한다. 사회적으로 성공을 이루려면 한 개인의 능력도 중요하지만 진심으로 도움을 주고 지속적인 관계를 맺을 수 있는 인맥 또한 그에 못지않게 중요하다. 효과적으로 인맥을 관리하기 위해서는 더 이상 자신에게 도움이 되지 않는 인맥들을 조금씩 정리하는 것이 필요하다. 인맥을 정리하라니, 조금은 잔인한 소리로 들릴지 모르겠다. 하지만 소통이 없는 인맥을 빨리 정리하고 자신이 성장할 수 있는 새로운 연을 맺는 것, 바로 20대 청춘인 당신이 해야 할 일이다.

인맥을 논할 때 '6단계 분리 이론6 Degrees of separation'은 빠지지 않고 등장한다. 이는 지구상의 모든 사람들이 여섯 다리만 건너면 누구와도 연결될 수 있다는 이론으로 이 6단계 분리 이론은 오늘날의 네트워크 이론의 시발점이 되었다. 6단계만 건너면 전 세계 사람들을 모두 알 수 있다니, 세상이 참 좁게 느껴지지 않는가?

이 이론은 우리가 살면서 얼마나 많은 사람들을 알고 지낼 수 있는지 실감하게 해준다. 실제로 사람은 살아가면서 3,500여 명의 중요한 사람과 알고 지낸다고 한다. 그러나 과연 그 많은 인맥의 홍수 속에서 끝까지 유지될 수 있는 관계는 얼마나 될까? 진짜 인맥을 걸러내기 위해서는 정리하는 단계가 단연코 필요하다. 그렇다면 어떤 방법으로 정리를 해야 하는지에 대해 알아보자.

6개월마다 휴대전화 연락처 정리하기

가장 기초적인 방법이다. 자신의 휴대폰 전화번호부 목록을 살펴보자. 샅샅이 살펴보면 얼굴도 기억나지 않은 낯선 이의 이름과 연락처들이 생각보다 많을 것이다. 이런 연락처부터 과감히 삭제하자. 그리고 두 번째 단계로 6개월 동안 연락을 하지 않았던 사람들의 연락처를 삭제한다. 사람을 많이 알면 알수록 좋다는 생각에 과거의 인연들을 정리하지 못하는 사람들이 있는데, 그런 사람들과 추후에 만나도 순간만 반가울 뿐 똑같은 관계가 형성된다. 이유 없이 소중하게 끌어안고 있었던 인연들을 용기 내서 과감히 정리하자.

이렇게 평소 연락을 거의 하지 않는 관계들을 정리해서 마지막에 남는 사람들이 비로소 진짜 내 인맥들이다. 나는 이렇게 정리하고 남은 사람들의 생일을 연락처 비고란에 적어놓아 그들의 생일이 되면 잊지 않고 축하 메시지를 보낸다. 그리고 가급적 1주일에 한 번, 늦어도 한 달에 한 번은 내가 먼저 안부를 전하려고 노력한다. 카카오톡이나 문자 메시지로 상대방에게 연락을 취하는 것, 이게 돈이 드는 일인가? 그런데도 대부분의 사람들은 자신이 먼저 연락을 취하는 것에 대해 인색한 경우가 많다. 그러지 말고 인맥을 정리하고 남은 내 사람들은 정말 제대로 챙기자. 확실한 내 인맥만 챙기기에도 매우 바쁜 세상이다. 스쳐 지나가는 인연들의 연락처는 6개월에 한 번씩 주기적으로 정리하자.

인맥 지도 그리기

현재 자신의 인맥 상태를 점검하기 위한 가장 좋은 방법은 인맥 지도를 그려보는 것이다. 흔히 휴대폰이나 SNS 친구 목록 등으로 어떤 인맥들이 있는지 파악은 가능하지만 머릿속에 잘 정리가 되진 않는다. 하지만 인맥지도를 그려보면 자신의 인맥을 보다 객관적으로 분석할 수 있다. 이런 분석을 토대로 자신에게 부족한 인맥을 파악할 수 있으며, 필요한 인맥을 어떻게 채워 나갈지에 대한 전략을 세울 수 있다. 아울러 정리를 해야 할 인맥과 인생의 목표 달성을 위해 도움을 받을 수 있는 인맥

미래와 진로를 고민하는 20대가 준비해야 할 것들

을 한눈에 파악할 수 있다. 이런 장점이 있는 인맥지도를 어떻게 그려야 하는지 알아보자.

〈인맥 지도 그리는 방법〉

1. 커다란 도화지 가운데 자신의 이름을 적고, 자신이 속한 그룹을 적는다: 일반적인 마인드맵을 그리는 것처럼 자신의 이름을 중심으로 자신이 속해 있는 그룹들을 하나씩 적는다. 초등학교, 중학교, 고등학교, 대학교, 동아리, 동호회, 회사, 기타 모임 등이다. 너무 많거나 너무 적으면 한눈에 알아보기 어려우므로 5~10개의 그룹으로 분류하는 것이 좋다.

2. 인적자원을 분석하고 그룹 사람들의 이름을 채운다: 그룹을 정한 뒤에는 자신과 관계된 사람들을 어떤 그룹에 넣어야 할지 분석해야 한다. 소유하고 있는 명함, 수첩, 휴대폰 연락처, 주소록 등을 나열하여 한 사람씩 검토하는 것이 좋다. 검토하다가 만약 한 사람이 여러 그룹에 겹치면 최종 그룹 단계에 넣으면 된다. 예를 들어 P군이 자신의 중고등학교 동창이자 대학교 동창이면 대학교 그룹에 배치하는 것이다. 이런 과정을 통해 각 그룹마다 모든 사람들의 이름을 채워 넣도록 한다.

3. 인맥의 유형을 분석하고 각각의 이름 옆에 유형을 적는다: 인적자원을 분석했으면, 이제 그 사람이 어떤 인맥의 유형인지에

대한 분석이 필요하다. 나는 4단계 유형으로 나눠 정리한다. 꼭 내가 나누는 기준에 따를 필요는 없다. 자신의 기준에 맞춰 유형을 분석해도 된다.

- 유형 1: 언제든지 만나도 부담이 되지 않고 도움을 받을 수 있으며, 평생을 함께할 개인적인 친분의 관계
- 유형 2: 정보를 주고받을 수 있고 업무적으로 협조가 필요할 때 도움을 받을 수 있는 회사, 모임 등의 공식적인 관계
- 유형 3: 서로 안면은 있고 꾸준한 소통은 없지만 추후 알아 놓으면 언젠가는 도움이 될 수 있는 관계
- 유형 4: 더 이상 연락을 하지 않는, 만나면 스트레스만 쌓이는 관계

이런 식으로 유형을 분석하고 각 그룹 사람들의 이름 옆에 유형을 적는다. 예를 들어 이순신(1), 김철수(2), 김영희(3), 홍길동(4) 등으로 표시한다. 3단계까지 모두 적고 나면 어떤 인맥이 나에게 필요한지(1 and 2), 그리고 어떤 인맥을 정리해야 하는지(3 or 4) 한눈에 파악할 수 있다. 이런 인맥 지도는 6개월~1년에 한 번씩 새로 업데이트를 해야 한다.

스마트폰 어플리케이션 이용하기

사회생활을 하다 보면 명함을 정말 많이 건네 받는다. 지갑에 일일이 넣자니 너무 많고, 버리기에는 미안한 생각이 든다.

미래와 진로를 고민하는 20대가 준비해야 할 것들

그럴 때 스마트폰 어플리케이션을 이용하여 관리하면 굉장히 편리하다. 요즘 어플리케이션은 명함을 받아 사진만 찍으면 알아서 정확하게 입력을 해준다. 그리고 명함 정보들을 휴대폰 주소록, 구글 주소록, 엑셀 등으로 손쉽게 내보낼 수 있기 때문에 명함 정리와 인맥을 관리하는 데 있어 훨씬 수월하다.

지금까지 소개한 3가지 방법을 이용하면 현재 자신의 인맥을 손쉽게 정리할 수 있다. 인맥을 정리해서 얻을 수 있는 가장 큰 효과는 사람들에게 받는 '행복한 기운'이다. 우리의 시간은 만나서 행복하고 설레는 사람만 만나도 부족하다. 자기 필요할 때만 연락하는 사람, 부정적인 말만 늘어놓는 사람들은 만나면 스트레스만 쌓이기 때문에 과감히 정리하는 것이 좋다.

진정한 인맥 정리를 하기 위해서는 기존 인맥을 정리하는 것뿐만 아니라 새로운 사람과의 관계를 만들기 위한 노력도 필요하다. 새로운 사람을 통해 행복한 기운이 더욱 강해지고 자신의 세계가 넓어지기 때문이다. 좋은 인맥을 만들고 싶다면 한 명이라도 더 만나야 한다. 물론 새로운 사람을 만나면서 6개월~1년에 한 번씩 주기적으로 인맥 정리를 해야 한다는 사실을 잊지 말자. 풍성한 인맥으로 당신의 인생이 행복해지길 희망한다.

성장한 만큼
멘토를 바꿔나가라

나를 제외한 모든 이가 나의 스승이다.
– 요시카와 에이지

20대 청춘이라면 멘토라는 단어의 의미 정도는 당연히 잘 알 것이다. 당신에게 인생의 멘토가 있는가? 인생을 살아가면서 멘토의 유무는 매우 중요하며 꼭 필요한 존재다.

멘토라는 단어는 《오디세이아Odyssey》에 나오는 그리스 신화에서 유래한다. 고대 그리스 이타이카 왕국의 왕인 오디세우스가 트로이 전쟁에 출정하면서 아들 텔레마코스의 교육을 그의 친구인 멘토에게 맡긴다. 오디세우스가 전쟁에서 돌아오기까지 무려 10여 년 동안 멘토는 왕자의 친구, 선생, 상담자, 때로는 아버지가 되어 그를 잘 돌보아 주었다. 이후 멘토라는 그의 이름은 지혜와 신뢰로 한 사람의 인생을 이끌어 주는 지도자의 동의어처럼 사용되었다. 즉 멘토는 현명하고 신뢰할 수 있는 상담 상대, 지도자, 스승, 선생을 의미한다.

언뜻 뜻만 보면 롤모델과 멘토를 착각할 수도 있다. 물론 롤모델이 멘토가 될 수도 있으나, 둘은 목적과 상호작용하는 방법이 다르다. 대부분의 롤모델은 모방하고 싶어 하는 이미지일 뿐 그 사람과 직접 관계를 맺고 있는 것은 아니다. 예를 들어 자신의 롤모델이 빌 게이츠 혹은 워런 버핏이라 하면 그들에게 영감을 받고 그들의 행동과 사상 등을 벤치마킹해서 그들과 닮아가기 위해 노력하면 된다. 반면에 멘토는 직접 관계를 맺는 사람으로서 의사소통이 가능하고 내 주변의 일과 고민에 대해 실질적으로 도움을 줄 수 있는 스승의 역할을 한다.

그렇다면 멘토를 어디에서 찾아야 할까? 답은 의외로 간단하다. '삼인행칙필유아사三人行則必有我師'라는 말이 있다. 이는 동행이 세 사람만 되어도 그 안에 스승이 있다는 뜻이다. 이 말은 모든 분야에서 나보다 앞서는 사람을 찾아 스승으로 삼는 것이 아니라, 나의 부족한 점을 채우기 위해 뭐라도 배울 게 있는 사람이라면 누구나 스승이 되고 멘토가 될 수 있다는 것이다. 멘토에 있어 나이와 성별은 무관하다. 배우고 익히려는 자세만 준비되어 있다면 주변에 멘토는 무수히 많다.

내 인생에도 멘토가 여러 명 있다. 그중에 나의 아버지는 내 인생에 가장 중요한 멘토다. 아버지는 목포 해양고등학교를 나와 의대에 진학하셨다. 당시 해양고등학교에서 의대에 진학하는 경우가 매우 드문 일이었다고 한다. 혼자만의 고된 싸움이었을 것이다. 중간에 너무 힘들어 포기하려고도 하셨지만 끝까지 포기하지 않고 노력해서 결국 목표를 이루셨다. 아버지의 이런 도전정신은 내게도 이어졌고, 아버지는 끊임없이 노력하면 무엇이든 될 수 있다며, 절대 용기와 희망을 잃지 말라고 조언해 주셨다.

아버지는 내 곁에 항상 계셨지만 결코 일일이 간섭하거나 감시하지 않으셨다. 의사의 길을 강요하실 법도 한데 한 번도 그러신 적이 없다. 내가 잠시 공부의 길을 이탈해 질이 안 좋은 친구들과 어울려 다녔을 때도 묵묵히 나를 지켜봐 주셨다. 실패를 경험하도록 허락하셨고, 토익점수만으로 대학 입학에 성공했을 때는 누구보다도 축하해 주셨다. 나의 10대 시절 멘토는 바로 이 세상 누구보다도 가까운 아버지였다.

20대에 접어들고 대학생이 되었을 때 나는 형을 멘토로 삼았다. 나는 4살 터울인 형과 같은 대학교를 다녔는데, 기본적인 대학생활과 더불어 인간관계를 배울 수 있었다. 수줍음이 많은 내 성격과 달리 형은 매우 활발하고 친화력이 좋았다. 나는 처음 보는 사람과도 허물없이 지내는 그런 형의 성격을 닮아 가려고 대학생활 내내 부단히 노력했다.

대학교를 졸업하고 회사에 입사했을 때 나의 멘토는 같은 팀인 J 선배였다. 전반적인 업무와 회사에서 살아남는 법, 회식자리에서의 예의 등 회사생활에 필요한 모든 것을 배울 수 있었다. 그 선배 덕분에 회사생활을 좀 더 수월하고 편안하게 할 수 있었으며, 윗사람들에게 인정받는 사원이 될 수 있었다.

이처럼 멘토는 자신의 주변 가까이 있다. 그들을 스승으로 삼아 좀 더 성장할 수 있는 발판을 마련해야 한다. 나의 멘토를 보면 알겠지만 멘토는 고정불변의 존재가 아니다. 자신이 성장하면 그에 맞게끔 멘토를 바꿔 나가야 한다. 소라게가 몸집이 커지면 더 큰 소라를 찾는 것과 같이 자신의 그릇이 커지면 더 큰 그릇으로 바꿔야 한다. 항상 같은 사람을 멘토로 삼으면 어느 순간 성장이 멈추게 된다. '청출어람靑出於藍'이라는 말이 있듯이 제자는 스승을 뛰어넘고 더 큰 스승을 찾아 떠나야 하는 사실을 명심하자.

실제로 나의 멘토는 위에서 언급한 세 분 외에도 무수히 많다. 전반적인 면에서 배우고 싶은 멘토와 더불어 어떤 사람의 특정한 한 부분만을 배우고 싶다면 그 사람을 부분 멘토로 삼는다. 한 마디로 부분별로 다른 멘토를 갖는 것이다. 예를 들어 보자.

K씨는 모든 것을 가졌음에도 불구하고 겸손하다. K씨의 겸손함을 배우자. L씨의 혁신적이고 창조적인 발상을 배우자. P씨는 어떤 일이 있어도 배신을 하지 않는 의리파이다. P씨의 의리를 배우자. J씨의 섬세함은 타의 추종을 불허한다. J씨의 섬세함을 배우자.

이와 같이 우리 주위의 모든 사람들에게는 배울 점이 각각 하나씩은 존재하기 마련이다. 그 사람만이 가지고 있는 장점과 특색이 있기 때문이다. 분야별로 각각의 멘토를 찾아 배우려고 노력하면서 지속적으로 자신을 성장시키자. 20대인 당신에게 멘토가 필요한 이유는 자신의 꿈과 목표를 이루는 것뿐만 아니라 사람과 사람 사이의 관계를 이어나가는 인간관계에도 도움을 줄 수 있기 때문이다. 우리는 살아가면서 수많은 선택의 기로에 놓이게 된다. 그때 그 순간을 먼저 경험했던 이들, 즉 멘토들의 조언을 통해 보다 현명한 선택을 할 수 있으며, 어려운 시간을 헤쳐 나가기 위한 힘을 얻을 수도 있다.

이제부터라도 적극적으로 자신의 멘토를 찾아보자. 이성이든 동성이든 상관없다. 앞서 말했듯이 멘토에 있어 성별과 나이는 전혀 무관하다. 현재 자신의 위치를 파악하고, 자신이 가지고 있는 고민이나 문제를 해결하는 데 도움을 줄 수 있는 멘토를 구해보길 권한다.

미래와 진로를 고민하는 20대가 준비해야 할 것들

운이 좋은 사람의
7가지 특징

행운이란 준비와 기회를 만났을 때 나타난다.
— 세네카

인생을 살다 보면 유난히 운이 좋은 사람들을 볼 수 있다. 이벤트에 응모하여 당첨이 된다거나, 야구 경기장에서 홈런 볼을 주워 온다거나, 명절 때 기차표를 실패 없이 한 번에 구매한다거나, 아파트 청약 추첨에서 제일 좋은 아파트를 배정받는 일처럼 소소한 것부터 큰 행운에 이르기까지 운이 잘 따라붙는 사람들이 있다.

반면에 운이 지지리도 없는 사람들이 있다. 이벤트나 복권 당첨 경험이 전무하거나, 하필이면 홈런 볼에 맞아 부상을 당하는 사람. 가위 바위 보 내기를 하면 어김없이 걸리고, 빈자리가 나서 앉으려고 하면 누군가가 자리를 채가고, 세차를 한 다음 날에는 꼭 비가 온다는 사람. 왜 누구는 하는 일마다 술술 잘 풀리고, 또 누구는 지지리도 운이 나쁜 걸까?

물론 사람들 중에는 좋은 운을 타고난 이도 있을 것이다. 그럼에도 후천적으로 운이 나빠지는 사람도 있다. 반면에 타고난 운은 없었지만 후천적으로 노력해서 운을 스스로 가져오는 사람도 있다. 우리는 전자에 해당하는 사람들보다 후자에 해당하는 사람들과 어울려야 한다. 어떤 이유로 그들은 운이 좋은 사람들이 되었을까?

가끔씩 성공한 사업가, 주식 부자, 경제적으로 넉넉하지 않아도 행복이 가득 찬 사람을 만나게 된다. 그런 사람들을 만날 때마다 그들이 운이 좋은 사람으로 불리는 이유에 대해 조금씩 깨닫게 되었다. 무엇보다 이들이 운이 좋은 사람처럼 보이는 이유는 보통 사람들과 다르게 생각하고 행동하기 때문이었다. 금수저를 물고 태어나 운이 좋은 경우보다 스스로 노력한 덕분에 운이 좋은 사람, 성공한 사람, 행복한 사람이 된 경우가 더 많았다. 내가 이들을 보면서 느낀 공통된 7가지 특징은 다음과 같다.

1. **행동으로 옮긴다:** 운이 좋은 사람은 설령 실패한다 하더라도 일단 행동을 하고 본다. 가만히 앉아 생각하기보다는 실행에 옮기며, 언제나 올 수 있는 우연한 기회를 만들기 위해 노력한다. 실제로 이벤트에 당첨이 되려면 이벤트에 응모를 자주 해야 하며, 복권에 당첨이 되려면 복권을 사야 한다. 하지만 대부분의 사람들은 이벤트에 응모하지도 않고 당첨이 되길 바라며, 복권을 구매하지 않으면서 복권에 당첨되는 행운만 기대한다. 그렇

기 때문에 스스로 운이 나쁜 사람이 되고 만다. 운이 좋은 사람은 행동을 하지 않으면 아무것도 얻을 수 없다는 것을 잘 알고 있다.

2. 항상 긍정적으로 생각한다: 운이 좋은 사람들은 대부분 긍정적으로 생각한다. 물이 차있는 컵을 보면서 그들은 비어 있는 부분을 보지 않고 차 있는 부분을 본다. 대부분의 사람들은 '에게… 겨우 이거 남았네'라며 비어 있는 부분을 크게 생각하지만, 운이 좋은 사람들은 '우와, 아직도 이만큼이나 남았어?'라며 차 있는 부분을 강조한다. 이런 둘의 생각에는 큰 차이가 있다. 아직도 이만큼이나 남았다고 생각하는 사람들은 매사를 긍정적으로 해석하기 때문에 운이 더 따르기 마련이다.

3. 언제나 밝고 행실이 올바른 사람과 어울린다: 운이 좋은 사람들은 근묵자흑近墨者黑이라는 고사성어를 잘 실천하는 사람들이다. 이는 '먹을 가까이하면 검어진다'는 뜻으로 나쁜 사람을 가까이하면 그 버릇에 물들기 쉽다는 말이다. 운이 좋은 사람들은 언제나 밝은 사람과 어울려 에너지를 흡수하며, 행실이 바른 사람과 가까이하면서 그를 본받아 자신도 훌륭한 사람이 되려고 노력한다.

4. 계획이 아닌 목표에 집중한다: 아무리 완벽하게 계획을 세운

다 해도 여러 가지 요인으로 인해 변동 사항이 늘 생기기 마련이지만 목표는 그렇지 않다. 성공적인 직장생활, 행복한 가정 꾸리기, 100억 부자 되기와 같은 목표는 변하지 않는다. 운이 좋은 사람들은 명확한 목표를 가지고 있으며 그 목표를 달성하기 위해 최선을 다한다.

5. 무엇이든지 배우려고 노력한다: 운이 좋은 사람들은 스스로를 항상 부족하다고 생각하며 배움을 게을리하지 않는다. 주변이 어떻게 흘러가는지 호기심 어린 눈빛으로 관찰한다. 그리고 궁금한 사항이 생기면 단순하고 사소한 것일지라도 질문을 해 완벽히 이해하고 넘어간다. 그들은 배우고 성장하는 즐거움을 잘 알고 있다.

6. 남을 배려하는 습관이 몸에 배어 있다: 운이 좋은 사람들은 말부터 행동까지 남을 배려하는 습관이 몸에 배어 있다. 이는 사회생활뿐만 아니라 개인생활에서도 마찬가지다. 약속을 정할 때도 본인보다는 상대방이 가까운 곳이나 오기 편한 곳으로 약속 장소를 잡으며, 공공장소나 공동 소유의 물건을 함부로 사용하지 않는다. 기본적인 예절이 자연스럽게 몸에 배어 있으며, 가까이 지내는 사람과의 협력관계가 무엇보다 중요하다는 것을 잘 알고 있다.

7. 항상 성공하는 것만은 아니다: 운이 좋은 사람이라고 해서 어떤 일이든 항상 결과가 좋은 것만은 아니다. 그들 역시 좌절을 맛보고 실패 때문에 상처를 받는다. 하지만 좌절에서 멈추지 않고 다시 전진하여 도전한다. 자신에 대한 믿음을 가지고 인내하고 참으면 장애물을 극복할 수 있다는 것을 경험을 통해 알고 있기 때문이다.

이처럼 운이라는 것이 결코 쉽게 만들어지지 않는 것임을 알아야 한다. 자신의 운명을 스스로 만들어 간다는 주체적인 자세를 가져야지만 운도 따라오는 것이다. 당신 주변의 사람들을 보라. 이런 사람들이 있는가? 만약 없다면 지금 놀고 있는 물에서 떠나야 한다. 운이 없는 사람들과 계속 어울리다 보면 자신도 그 기운을 받을 수밖에 없다. 생각과 행동이 비슷한 사람끼리만 만나면 결코 발전이 없다. 나와 다른 생각을 하고 있는 사람들을 만나야 시너지 효과를 만들어낼 수 있다.

무엇을 하든 지지리 복도 없는 사람처럼 실패의 패턴을 반복하지 말고, 운이 좋은 사람들과 어울려라. 감기만 전염되는 것이 아니라 행운도 전염이 된다. 그들과 어울리다 보면 당신 역시 운이 따라붙을 것이다. 당연한 얘기지만 그들을 보고 배우면서 자신도 운이 좋은 사람이 되도록 이미지를 디자인하는 노력을 기울여야 한다. 그러면 당신도 어느새 운이 좋은 사람이 되어 성공가도를 달리고 있을 것이다.

가족,
가장 강력한 울타리

눈물로 걷는 인생의 길목에서
가장 오래, 가장 멀리까지 배웅해 주는 사람은
바로 우리의 가족이다.
- 권미경[28]

청소년기에는 친구들과의 관계가 무척 중요하다고 생각하여 친구들과 보내는 시간이 가장 많다. 사실 10대 학창시절에는 학교라는 울타리 안에서 친구들과 같이 있는 시간이 억지로라도 많기 때문에 연락이 끊기지 않고 오랫동안 관계가 유지될 수 있다. 하지만 대학생이 되면서 뿔뿔이 흩어지게 되고, 설령 같은 대학교에 입학했다 한들 전공이 다르면 자연스럽게 연락이 줄어들고 관계가 소원해지기 마련이다. 그리고 20대 중·후반이 되면 소중한 사람들이 달라지고 사람들과의 관계에 대해 다시 한 번 생각하게 된다.

옛말에 '우정은 포도주처럼 세월이 갈수록 향기가 그윽해진다'라는 말이 있다. 물론 흘러가는 세월 속에 두터워지는 우정도 중요하지만, 그보다 중요한 것은 언제 어디서든 내 편이 되어

주고 항상 옆에 있어 주는 존재, 바로 '가족'이다. 가족이란 존재는 우리의 옆에 항상 있기 때문에 소중함을 잊고 산다. 함께일 때는 미처 그 소중함을 모르다가 삶의 관계가 무너지고 슬픈 일이 있을 때, 비로소 치유의 진가를 발휘하게 된다. 가족은 외롭고 고달픈 생활을 함께 걷는 가장 가까우며 평생을 함께할 유일한 동행자다. 익숙함에 무뎌져서 가족에 대한 소중함을 잊지 말고, 내 곁에 있을 때 부모님, 형제, 자매에게 잘해야 한다.

내가 정신을 차리고 가족에게 잘해야겠다고 느꼈던 시기는 26살 때 친구의 아버지가 갑작스러운 교통사고로 별세하시고 나서부터이다. 흔한 효도 한번 못해봤다고 몹시도 괴로워하며 계속 후회하는 그의 모습을 보고, 사람 인생은 어떻게 될지 알 수 없으니 평소에 잘해야겠다는 생각이 머릿속에 박혀 버렸다. 시간과 사람은 내가 잘할 때까지 기다려주지 못한다. 조건이 좋아지면 효도를 하겠다고 미루면 평생을 못하게 된다. 부모님이 살아계실 때 살갑게 대하지 않고 잘 모시지 않으면 돌아가신 뒤에 회환이 되고 통한痛恨으로 남게 된다.

한번 극단적으로 생각해서 가족의 소중함을 깨달아보자. 죽음의 문턱에 다다랐을 때 가장 먼저 생각나는 것이 무엇일까? 친구? 못다 이룬 성공한 삶? 사업? 다 아니다. 바로 가족이다. 미국의 심장부를 강타한 9·11 사건의 피해자들이 죽음을 앞둔 마지막 순간에 남긴 메시지는 회사 프로젝트나 사업 이야기가 아니었다. 그런 말은 단 한마디도 없었다. 인생의 마지막 순간에 그들이 남긴 메시지는 하나같이 가족에 대한 사랑의 메시지였다.

"부모님, 당신을 사랑합니다. 부디 건강히 오래오래 사세요."

"여보, 난 당신을 사랑했어. 당신을 다시 봤으면 좋겠어. 부디 애들하고 행복하게 살아."

많은 사람들이 일에 치여 바쁜 생활을 하면서 가족을 잊은 채 살아가지만, 목숨이 1분도 안 남은 상황에서는 결국 가족을 찾는다는 사실을 알 수 있다. 인생에서 가장 본질적으로 중요한 건 일이나 성공이 아닌 가족이다. 우리가 하는 일들이 아무리 가치가 있는 일일지라도 가족보다 더 소중하고 중요한 것은 없다. '있을 때 잘하자'라는 의식적인 마음가짐이 필요하다. 떠난 뒤에 후회하지 않고 미련을 갖지 않으려면 평소에 잘해야 한다.

나는 스무 살 때부터 독립해서 가족과 떨어져 살았기 때문에 가족과 함께 보내는 시간이 많지 않았다. 게다가 부모님은 목포에 계셨고, 나는 수원에 있었기 때문에 거리상으로도 꽤 멀어서 쉽게 찾아가 뵐질 못했다. 가족을 보는 시간은 명절과 특별한 일이 있는 경우를 제외하고는 거의 없었다. 그러다가 나이가 들수록 가족의 소중함이 절실해졌다. 명절은 물론이고 두 달에 한 번 꼴은 부모님을 찾아가 뵈었고, 하루에 한 번씩 전화를 드렸다. 휴가 때도 친구나 애인과 보내지 않고, 가족들과 함께 여행을 떠났다.

당신도 자신이 할 수 있는 작은 효도라도 지금부터 하길 바란다. 같이 생활을 하지 않으면 자주 찾아가 뵙고, 찾아 뵙기 어렵다면 전화라도 자주 드리자. 성공해서 거창하게 효도해야겠다는 생각은 버리고 지금 자신의 위치에서 할 수 있는 작은 효도부터 실천하자.

그리고 형제, 자매가 있다면 그들에게 최선을 다해 잘해줘야 한다. 자신의 위치에서 성심을 다하면 된다. 가장 기본은 생일을 기억하여 축하 메시지를 보내거나 작은 선물을 준비하자. 같이 식사하는 자리를 마련하는 것도 좋다.

성인이 된 형제 자매 간에는 되도록 화를 내면 안 된다. 어렸을 때의 다툼은 금방 풀어지고 화가 누그러지지만, 성인이 되고 나서 싸우면 화해하기가 쉽지 않다. 마음이 내키는 대로 화를 내고 말을 함부로 하면 아무리 친한 형제, 자매 사이라고 해도 상처받고 관계가 틀어질 수 있으며 회복하는 데 시간이 오래 걸린다.

요즘처럼 핵가족 시대에 형제, 자매가 존재한다는 것 자체만으로도 서로 아끼고 사랑해야 한다. 자신의 이익 때문에 잘해주는 것이 아닌, 말과 행동에 진심어린 마음이 담겨야 한다.

'피는 물보다 진하다'라는 속담이 있다. 이 속담은 우리나라뿐만 아니라 영어권에도 일본어권에도 있다. 그만큼 혈육의 정은 깊고 소중하다. 가족이란 이름은 무슨 일이 있어도 자신을 지켜주고 보호해주는 가장 강력한 울타리다. 거듭 강조하지만 이 세상에 가족만큼 소중한 것은 없다. 부디 익숙함에 무뎌져서 가족에 대한 소중함을 소홀히 하지 말고, 곁에 있을 때 최선을 다하자.

연애,
서로의 성장을 도와주는 것

진정한 사랑은 영원히 자신을 성장시키는 경험이다.
– M. 스캇 펙

        20대 청춘에게 '연애'란 가장 큰 관심거리 중 하나이다. 성인이 되면 남자든 여자든 누구나 매력적인 이성과의 만남을 희망한다. 그러면서 친구들은 그런 사람을 잘도 만나는데 왜 자신에게는 좋은 인연이 닿지 않는지 궁금해 한다. 심지어 좋은 사람인 줄만 알았는데, 시간이 지날수록 내 인생에서 최악의 인연으로 기억되는 경우도 종종 생긴다. 그렇다면 어떻게 좋은 사람과 그렇지 않은 사람을 식별할 수 있을까?

    우선 남녀에 따라 좋은 사람을 식별하는 방법에 차이가 있다. 남녀가 엄연히 다르기 때문이다. 남자는 아주 단순한 반면 여자는 매우 복합적이다. 간단하게 예를 들면, "소개팅 할래?"라는 질문에 남자들은 열이면 열 이렇게 묻는다. "예쁘냐?" 하지만 여자들은 "키는? 성격은? 패션 센스는? 차는 있어? 지금 무슨 일하는데?"등 궁금한 게 굉장히 다양하고 많다. 물론 요즘 남자들도 예전과는 다르게 이것저것 많이 따진다고 하지만 그래도 변하지 않는 최우선 순위는 외모이다. 이렇게 남녀의 인식이 다르기 때문에 좋은 사람을 식별하는 방법 역시 다를 수밖에 없다. 서로 다른 남녀의 좋은 사람 식별법에 대해 알아보자.

좋은 여자 식별법

1. 함께 성장할 수 있는 지혜로운 여자를 만나야 한다: 서로에게 자극이 되고 배울 게 있는 상대를 만나야 더 나은 인생을 살 수 있다. 남자의 출세를 위해 여자의 일방적인 희생만을 강조해온 부모세대와 달리 앞으로는 함께 성장하는 관계를 점점 더 중요하게 여기는 시대이기 때문이다. 예쁘고 몸매 좋은 여자보다 서로의 성장을 돕는 지혜로운 여자를 만나기가 훨씬 어렵다는 사실을 명심해야 한다. 여성의 외모만을 따져서 다이아몬드 같은 여성을 놓치지 않게 주의하자.

2. 감정의 기복이 심한 여자는 피해야 한다: 연애할 때 유난히 감정의 기복이 심한 여자들이 있다. 아양을 피우고 애교를 떨다가도 말 한마디에 금세 토라져서 며칠을 당황하게 만들곤 한다.
이렇게 밑도 끝도 없이 투정과 짜증을 자주 내는 여자는 일단 연애 대상에서 제외해야 한다. 연애할 때야 콩깍지가 씌어 그것 또한 매력적으로 보일 수 있겠지만, 평생을 함께 산다고 했

미래와 진로를 고민하는 20대가 준비해야 할 것들

을 땐 진지하게 고민해야 한다. 평생을 마음고생 하느니 차라리 헤어지는 편이 현명한 선택일 수 있다.

3. 뭐든지 자기 뜻대로 하려는 여자는 조심해야 한다: 리더십이 있는 건 좋으나 뭐든지 자기 뜻대로 하려는 여자는 기피해야 할 대상이다. 얼핏 보면 활발하고 카리스마가 넘쳐서 매력적으로 느껴질 수 있지만 깊게 사귀다 보면 굉장히 피곤한 스타일이다. 상대의 사생활을 인정하지 않을 수 있으며 사사건건 간섭하는 등 결국 관계를 악화시키는 요인이 될 수 있다.

좋은 남자 식별법

1. 남자는 우선 바람기가 없어야 한다: 당연한 말이겠지만 남자에게 바람기가 있다면 두말할 것 없이 헤어지는 게 낫다. 바람기를 고치기란 매우 힘들기 때문이다. 본능적으로 남자는 바람기를 가지고 태어나지만 그 중에서도 유별난 사람이 있다.

누가 봐도 멋진 외모를 가지고 있는데, 청산유수와 같은 말솜씨를 겸비하고 있으면 한 번쯤 바람둥이로 의심해봐야 한다. 물론 사람마다 다르겠지만 외모가 좋으면서 말을 잘하는 남자는 바람둥이일 확률이 높다. 여자들은 소개팅을 할 때 말도 제대로 못하고 재미가 없으면 두 번 다시 안 보는 경우가 많은데, 다시 생각해볼 필요가 있다. 순수하고 순박한 남자일수록 여자와 처음 만난 자리에서 술술 이야기하는 경우가 거의 없기 때문이다. 조금 지루해도 성실한 모습으로 자신을 대해주는 남자를 만나야 한다.

2. 좋은 남자는 마음이 넓다: 좋은 남자는 여자의 잘못에 대해 너그러우며 설령 잘못을 했다 해도 언제든지 쉽게 해결할 수 있다는 마음가짐을 가지고 있다. 누구나 실수를 할 수 있다는 마음으로 해결하기 위해 아낌없이 노력한다. 자신이 잘못했을 때 그것을 대하는 남자의 모습을 유심히 살펴보아라. 화를 억누르지 못하고 신경질인 반응을 보이거나 분노를 표출한다면 마음이 넓은 남자가 아닐 확률이 높다.

3. 자기계발에 힘쓰는 남자를 만나라: 꾸준히 자기계발을 하는 부지런한 남자는 결혼 후에도 자신의 의무를 회피하지 않고 최선을 다해 가족을 부양한다. 헛바람이 들지 않으며 자신의 성실함을 기반으로 가정을 묵묵히 지켜줄 것이다. 이런 남자의 기질을 확인하기 위해서는 평소에 책을 읽는지, 꾸준히 공부를 하는지, 그리고 약속을 잘 지키는지 관찰해 보면 된다. 자기계발을 꾸준히 하면서 당신과의 약속을 변함없이 지킨다면 기본은 된 사람이다.

4. 기본예절을 잘 지키고 마음이 따뜻한지 살펴라: 지금 만나는 남자가 기본예절을 잘 지키는지 유심히 살펴보아라. 길거리에

미래와 진로를 고민하는 20대가 준비해야 할 것들

휴지를 아무렇지도 않게 버리진 않는지, 침을 아무 데서나 함부로 뱉지 않는지, 약자에게 함부로 대하지 않는지, 지하철에서 노인이나 임산부에게 자리를 양보하는지 말이다.

아울러 말투는 다소 무뚝뚝하더라도 행동이 자상하고 눈빛이 따뜻한 남자를 만나야 한다. 여자를 세심하게 잘 챙겨주고 사랑이 가득 찬 배려심있는 남자가 좋은 남자다. 이런 남자를 알아보기 위해서는 같이 등산을 가보면 된다. 마음이 따뜻한 남자는 등산을 할 때 목적지까지 세심하게 잘 챙겨주면서 이끌 것이다.

이외에도 좋은 여자, 좋은 남자를 식별하는 방법은 무수히 많다. 좋은 사람의 기준이란 게 굉장히 포괄적이고 개인적이며 상대적이기 때문이다. 그러나 한 가지 분명한 건 누구를 만나든지 서로의 발전을 위한 연애가 될 수 있도록 남녀가 다같이 노력해야 한다는 사실이다.

자신의 가치를 올려야만 사랑하는 상대를 좀 더 아껴줄 수 있고 지켜줄 수 있다. 만약 지금 옆에 사랑하는 사람이 없다면, 신세 한탄이나 하면서 헛된 시간을 보내지 말고 스스로의 가치를 높이는 데 투자하자.

6장

후회 없는 인생을 위한

20대 버킷리스트

청춘,
떠나야 하는 이유

청춘은 여행이다. 찢어진 주머니에 두 손을 내리꽂은 채
그저 길을 떠나도 좋은 것이다.
- 체 게바라

세계여행은 나이를 막론하고 누구에게
나 로망이다. 하지만 세계여행을 하기에 가장 좋은 시기를 꼽는
다면 바로 대학시절이다. 대학생 때 세계여행에 도전하지 않으
면 평생을 두고 후회하게 될지도 모른다. 내가 그랬다. 그 시절
에 왜 다녀오지 않았는지 지금도 후회와 미련이 남는다. 사회인
이 되고 나서 여행을 떠나면 짧게는 1주일, 길어야 2주 정도밖
에 시간을 낼 수 없다. 그러므로 무조건 시간적 여유가 있는 대
학생 때 세계여행을 떠나야 한다.

나는 열 살과 서른 살, 이렇게 두 번 유럽여행을 다녀왔다. 열
살 때는 가족여행으로 영국, 프랑스, 이태리, 스위스를 갔었는데
그중 가장 좋고 기억에 남았던 곳은 프랑스와 스위스였다. 그 기
억을 다시 살려 서른 살 때 혼자서 두 곳을 다시 가보았다. 결

론부터 말하면 여행은 한 살이라도 젊을 때 가야 보고 느끼는 게 더 많다.

어릴 때 좋아 보였던 그때의 느낌과 사뭇 달랐으며 생각보다 좋게 느껴지질 않았다. 파리의 상징인 에펠탑은 당시에 너무나 크고 웅장해서 멋있어 보였는데 서른 살에 가보니 그저 큰 고철 덩어리처럼 느껴졌고, 낭만과 로맨틱 같은 것도 좀처럼 느껴지지 않았다. 어렸을 적 엄청난 충격으로 다가왔던 스위스 알프스의 만년설도 그저 멋진 대자연 정도로만 느껴졌다. 이처럼 어릴 적 느꼈던 여행의 감흥과 너무 달라 다소 실망감을 감추지 못했던 기억이 선명하다. 물론 그렇다고 해서 여행 자체가 좋지 않았던 것은 아니다. 다만 '대학생 때 왔으면 정말 좋았을 걸…' 이라는 아쉬움이 여행 내내 떠나지 않았다.

여행만한 스펙은 없다

대학 시절 여행을 항상 꿈꿔왔지만 가장 걸림돌이 되었던 것은 당연히 비용이었다. 특히 세계여행은 많은 경비가 들어가기 때문에 쉽게 마음을 먹지 못했다. 부모님께 손을 벌려서 가기에는 자존심이 허락치 않았고 아르바이트를 해서라도 갈까 싶었지만 시간이 아깝다는 생각에 계속 미루기만 했다. 그래서 결국 '취업해서 내가 돈 벌어서 가지 뭐'라는 생각으로 마음을 접게 된 것이다. 그때 그 안일한 생각이 평생 후회로 남을 줄은 그땐 미처 몰랐다.

서른 넘어 혼자 유럽여행을 하면서 나는 한국의 젊은 대학생들을 많이 만날 수 있었다. 남녀를 불문하고 여행을 온 대학생들이 정말 많았는데, 대부분 두 달 정도 코스로 유럽을 일주하고 있었다. 너무나 부러워서 "비용이 많이 들텐데, 부모님이 지원해 주셨어요?"라고 물었더니, 거의 대부분의 학생들이 "아니오. 유럽여행을 하기 위해서 아르바이트를 했어요."라고 대답하는 게 아닌가. 순간 그 대답을 듣고 '나는 저 나이 때 대체 뭐 했나…'라는 회의감에 빠졌다.

그때서야 여행은 비용이 문제가 아니라 계획과 열정만 있으면 충분히 가능한 일임을 그들을 보고 깨달았다. 기껏해야 8박 10일 여행을 하는 나 자신이 초라하게 느껴졌고, 시간적 여유가 있는 그들이 마냥 부러웠다. 가장 자괴감이 들었던 건 그들과 하루 동행을 하는 동안 내가 그들의 체력을 따라가지 못해서 여행 일정에 폐를 끼친 점이었다. 나의 잦은 휴식 때문에 일정에 자꾸 차질이 생겨서 그 다음날부터는 결국 혼자 다니게 되었다.

부디 한 살이라도 젊고 시간적으로 여유가 있을 때 여행을 떠나보길 바란다. 결심이 섰다면 비용이 문제가 되진 않는다. 얼마나 간절한지가 중요하다. 아르바이트를 하면서 사회경험도 쌓고 여행도 갈 수 있다면 일석이조 아니겠는가? 시간이 아깝다는 핑계를 대며 어줍지 않은 스펙을 쌓는 것보다 세계여행에 도전해보자. 당신의 인생이 훨씬 더 풍성해질 것이다. 꽃은 다시 피지만 젊음은 다시 오지 않는다.

꼭 혼자 여행을 떠나보라

나는 생애 처음으로 혼자 여행을 떠나보았는데, 그곳이 바로 유럽이었다. 늦은 나이에 떠나려고 보니 주위 친구들도 모두 사회인이 되어 원하는 날짜에 휴가를 맞추기가 힘들어 어쩔 수 없이 택한 혼자만의 여행이었지만 결과적으로 대만족이었다. 처음에는 기간, 루트, 교통, 숙박, 비용 등 모든 것을 혼자 결정해야 해서 머리가 무거웠지만 차츰차츰 하나씩 해결해 나갈수록 재미가 있었다. 사회생활 5년차에 잠시 잠재우고 있었던 도전의식이 깨어나고 있음을 느낄 수 있었다.

만약 당신이 부모님께 혼자 세계여행을 떠난다고 하면 많은 부모님들이 걱정하실 것이다. 나 역시 비행기 티켓을 끊고 부모님께 혼자만의 유럽여행을 선언했을 때 "밥도 혼자 먹는 걸 꺼려하는 네가 혼자서 유럽여행을 갈 수 있겠느냐? 혼자 가면 굉장히 심심할 것이다. 넌 외로움도 잘 이기질 못하잖니. 그냥 취소하고 국내여행이나 다녀와라."라며 걱정을 많이 하셨다. 그럼에도 불구하고 끝까지 강행한 혼자만의 유럽여행은 꽤나 성공적이었으며, 왜 여행의 고수들이 혼자 떠나는지 그 기분을 조금이나마 알 수 있었다. 그러니 부모님의 걱정에도 불구하고 꼭 혼자 떠나보길 권유하고 싶다.

혼자 떠나는 여행은 굉장히 큰 장점들이 있다. 내가 느낀 혼자 떠나는 여행의 장점은 크게 세 가지다.

첫째, 오로지 자신의 인생에 대해 생각할 수 있는 소중한 시간을 갖게 된다. 가족이나 친구 그리고 패키지로 여러 사람들과 다니는 여행에서는 혼자만의 시간을 갖기 힘들고 생각에 집중하기가 어렵다. 하지만 혼자 여행을 하게 되면 자신을 되돌아보고 생각하는 시간을 마음껏 가질 수 있다. 나 역시 내가 진정으로 하고 싶은 것이 무엇인지, 무얼 잘하는지에 대한 자기 성찰을 이동 시간 동안 끊임없이 할 수 있었다. 여행을 하다가 마음에 드는 장소가 있으면 벤치에 앉아 줄곧 나만의 시간을 보내면서 생각을 정리했다. 일행이 없기 때문에 눈치를 보지 않고 내 마음대로 할 수 있다는 게 혼자 여행의 제일 큰 장점이었다.

둘째, 현지인 혹은 외국인들과 어울릴 수 있는 시간이 많아진다. 혼자 여행을 하다 보면 자연스럽게 외국인들에게 말을 건네게 된다. 낯선 곳에서 혼자 여행을 하다 보니 쓸쓸하기도 하고, 자신을 알아보는 사람이 아무도 없으니 외국어를 구사하는 용기가 솟아나는 것이다. 나 역시 많은 외국인들을 만났다. 사진을 같이 찍자는 슬로바키아 사람과 친해져서 맥주 한 잔을 하기도 했고 행선지를 착각하고 길을 잘못 들었을 때 도움을 준 현지인까지 다양한 사람들을 만났다. 또한 머물렀던 게스트하우스나 유스호스텔에서도 종종 새로운 외국인 친구들을 만날 수 있었는데, 여행 정보를 공유하면서 그들과 금방 친해졌다. 계속해서 대화를 하다 보니 영어 및 스페인어를 단시간 내에 배울 수 있는 기회까지 덤으로 얻을 수 있었다. 이처럼 여럿이서 여행을 할 때보다 혼자 여행을 갔을 때 현지인 및 외국인들과 말을 섞을 기회가 훨씬 많아진다.

셋째, 여행을 무사히 끝내고 나면 자신감을 얻을 수 있다. 나는 처음으로 혼자 떠난 여행을 성공적으로 마쳤다는 성취감이 무척 컸다. 사실 떠나기 전에는 별의별 걱정을 다 했었다. 길을 잃어버리면 어쩌나, 소매치기를 당하면 어쩌나, 혹시 무슨 일이 생기면 어떻게 해야 되나 등 걱정이 태산같았다. 그런 이유로 떠날 때까지 무척 망설였는데 막상 다녀와 보니 아무것도 아니었음을 깨달았다.

길치인 내가 스스로 지도를 보며 목적지를 하나씩 찾아갔을 때 그 성취감이 주는 기쁨은 말로 헤아리기 힘들 정도였다. 호프집에서 외국인들에게 먼저 말을 건네는 나 자신을 보고 놀라움을 감출 수 없었다. 평소 수줍음을 많이 타서 모르는 사람에게 말을 못 건네는 나인데 말이다. 결론적으로 '나도 혼자 유럽 여행을 다녀올 수 있구나. 이제는 세계 어디든 혼자 갈 수 있겠다'라는 자신감을 얻은 게 내가 느낀 혼자 여행의 가장 큰 매력이었다.

다시 한 번 꼭 당부하고 싶다. 젊을 때 혼자 여행을 떠나보길 바란다. 내가 유럽에서 만난 대학생들은 하나같이 생기가 넘쳤고 일생에서 가장 행복한 순간을 보내고 있었다. 대학생활을 하다 보면 자신이 원해서 선택한 진로였다해도 어느 순간 '이 길이 진짜 맞는 길인가'라는 회의가 들 때가 있다. 바로 이럴 때야말로 혼자 떠나는 여행에 도전해볼 만하다. 여행을 다니면서 자신에 대한 생각을 정리할 수 있는 시간도 가져보고 새로운 경험을 통한 자신감도 쌓아오자. 가끔 혼자 하는 여행이 외롭고 심심할 수 있지만 얻을 수 있는 게 훨씬 많고 그 가치가 무궁무진하다. 다시 말하지만 여행은 돈의 문제가 아니라 용기의 문제이다.

삶의 새로운 출발을 위한
유서 쓰기

이 세상에 죽음만큼 확실한 것은 없다.
그런데 사람들은
겨우살이는 준비하면서도 죽음은 준비하지 않는다.
– 톨스토이

　　　　　　우리 사회는 유서에 대한 정서적 거부감
이 매우 강하다. 특히 피가 끓는 팔팔한 청춘에 유서라니…….
불쾌하게 생각할지도 모르겠다. 하지만 유서는 꼭 죽음을 목전
에 둔 사람만이 준비하는 것은 아니다. 사람이 태어나서 이승으
로 오는 순서는 있으되 죽어서 저승으로 가는 순서는 없다. 사
람 일은 정말이지 한 치 앞도 알 수가 없다. 유서란 이렇게 예측
하지 못한 죽음에 대비해 남겨진 사람들에게 할 말을 미리 써
두는 통과의례이며, 죽음에 대한 성숙한 준비다. 무엇보다 유서
를 쓴다는 자체가 자기 삶의 발자국을 되돌아보게 함으로써 지
나온 삶을 반성하게 되며, 최종적으로 삶의 새로운 출발 혹은
전환점으로 삼을 수 있다. 그러므로 20대에 유서를 써보는 건
한 번쯤 꼭 경험해봐야 할 일이다.

사람은 누구나 이 세상에 여행을 온 나그네와 같다. 그 여행의 길이는 상대적으로 짧을 수도 있고 길 수도 있지만, 언젠가는 여정을 마쳐야 할 때가 반드시 온다는 것만큼은 모두가 같다. 미련 없이 여행을 끝마치기 위해서는 안고 갈 추억을 많이 쌓고, 한순간도 허송세월을 보내서는 안 될 것이다. 삶을 여행하다 보면 결코 잊지 못할 순간이 있다. 그것은 긍정적인 사건이 자신의 삶을 더 나은 방향으로 인도해준 순간일 수도 있고, 부정적인 사건으로 인해 얻은 반성과 깨달음을 늘 안고 가도록 해준 순간일 수도 있다. 인생의 3분의 1 이상을 살아온 지금까지의 여정을 뒤돌아봤을 때 나에게도 그런 순간들이 있었다.

우선 고등학교 2학년 어느 여름날, 중학생 시절 가장 친하게 지냈던 친구가 짧은 여행을 마치고 세상과 이별을 고했다. 18세의 젊은 날에 이유도 불명한 의료 사고였다. 고등학교에 입학해 새로운 벗을 사귀느라 정신이 없었던 나는 그 친구에게 소홀하게 대했고, 오랜만에 연락이 닿았던 그와 다음 주에는 꼭 만나자며 약속을 했었다. 그로부터 며칠 후 가장 아름다울 나이에 그는 갑작스럽게 세상을 떠났다. 아무런 작별 인사도 없이 말이다. 그 순간부터 나는 누구에게든 지금이 마지막일 수도 있다는 생각으로 최선을 다해야겠다고 다짐했다.

또 한 번의 순간은 대학생 때 미국 서부 여행 중 그랜드캐니언에서 일어났다. 20억 년 전에 형성된 대협곡의 절벽에서 바람을 맞으며, 끝없이 이어진 붉은빛과 회백색의 산을 마주하고 그 자리에 주저앉아 나도 모르게 울고 말았다. 멀리 보이는 콜로라도 강의 푸른 물과 형형색색의 지층들을 보면서 우리는 모두 이 거대한 자연에 아주 잠시 동안 여행온 나그네일 뿐이라는 사실을 그 순간에 깨달았다.

두 사건으로 깊은 깨달음을 얻은 순간, 나도 언젠가는 이 세상을 떠날 때가 올 텐데 그 시기가 언제인지 모르니 지금부터라도 유서를 한번 써봐야겠다는 생각이 들었다. 이외에도 내가 그런 생각을 가질 수 있게 도움을 주신 분이 계셨는데 바로 법정 스님이시다. 그분의 저서를 통해 글이 주는 단아함과 깊이 있는 문장 하나하나에 매료되기도 했고, 살면서 아픔과 상처로 마음속을 난도질당했을 때 스님의 '무소유' 정신은 큰 힘이 되어주었다.

법정 스님은 한창 젊은 나이부터 유서를 쓰셨고, 그에 따라 청빈과 무소유 정신을 철저히 지키며 사셨다. 법정 스님의 말씀에 따르면 미리 유서를 쓰다 보면 스스로 걸어온 족적을 항상 반추하게 되고, 이를 반복하면서 삶의 깊이를 한층 더 깊게 할 수 있다고 하셨다. 그의 유서에서는 "말의 빚을 다음 생에 가져가지 않겠다."라고 하며 자신의 저서 절판과 장례의식의 간소화를 부탁하였다. 다시 한 번 무소유 정신을 환기시킨 것이다. 존경하는 그분의 평생의 신념이 사후에도 계승되도록 유언한 것을 보며 나도 미리 유서를 써봐야겠다는 생각이 끊이지 않았다. 그렇게 유서 쓰기를 시작했고 매년 갱신을 하고 있다. 구체적인 내용에 대해서는 앞으로도 많은 고민과 사색을 거듭할 예정이다.

앞에서 언급한 바와 같이 나는 매년 연말에 유서를 갱신한다. 한 해를 마무리하면서 느꼈던 것과 예전에 비해 부족했던 부분을 자유 형식으로 써내려 나간다. 지금까지 쓴 나의 유서 일부를 공개하려고 한다. 이 글을 읽는 당신도 자신만의 유서를 지금부터 써보길 바라며 매년 수정하여 갱신해보길 바란다.

2012년 12월 27일

지금까지는 짧은 여정이었지만 나는 얼마큼 나의 내면을 채우고 살았나. 사랑은 항상 주변에 있었는데, 익숙함에 속아 소중함을 제대로 깨닫지 못했다. 보석처럼 빛나는 사람이었는데 나의 어리석음으로, 나의 실수로 빛을 잃어버린 것이 가슴 아프다. 부디 그 사람이 행복하길 진심으로 기원한다.

무엇을 이루려고 최선을 다해 노력했지만 꾸준함은 없었다. 그로 인해 힘들게 이루었던 것이 녹슬고 낡아버린 느낌이다. 어떤 일을 하면 즐거운지, 행복한지 아직은 잘 모르겠다. 재능을 찾는 일에 너무 인색했던 듯하다. 시간은 내가 부려야 할 종과 같은 존재인데 이제까지 쫓기고 휘둘리며 살았구나.

한 해라도 더 살게 된다면 버려야 할 나의 내면들이 가득하다. 자만심·거

미래와 진로를 고민하는 20대가 준비해야 할 것들

만·허영 등. 훌훌 털어버리고 겸손해지자. 겸손은 최고의 미덕이라는 것을 항상 잊지 말자.

2014년 12월 29일

올해 고등학교 때 친했던 이성 친구가 자살을 했다. 무엇이 그리도 그녀를 힘들게 했었기에 그런 극단적인 선택을 했을까? 참 가슴이 아프다. 부디 좋은 곳으로 떠나서 거기에서는 행복하기를… 그녀의 갑작스러운 죽음으로 나의 죽음에 대해서도 진지하게 생각해 보았다. 언젠가는 나 역시 세상을 떠날 때가 올 텐데, 그날이 내일이 될지 먼 훗날이 될지 모르겠다. 가까운 시일 내에 내가 만약 죽게 된다면 나는 이 세상에 무엇을 남길 것인지 생각해본다.

지금까지 내가 저축한 5천만 원. 그중 4천만 원은 나의 부모님, 그리고 하나뿐인 형에게 그동안 나를 돌봐준 보답으로 드리고 싶다. 그리고 나머지 천만 원은 사회에, 특히 투병하는 어린 아이들에게 기부할 것이다. 이 세상의 꿈이 될 어린 아이들을 위해 소중히 쓰인다면 더할 나위 없이 기쁠 것 같다.

사후 쓸 만한 나의 장기는 기증을 하고 싶다. 내 몸의 일부가 다른 이들의 소중한 생명을 지키거나 삶에 희망을 불어넣어 준다면 그보다 더 큰 축복은 없을 것이다. 그러려면 지금보다 열심히 운동하고 건강관리에 더 신경을 써야겠다.

남은 육체는 매장보다는 화장을 하여 가능하다면 그 재는 내가 인생을 보는 관점을 굳힐 수 있게 해주었던 그랜드캐니언 콜로라도 강에 뿌려줬으면 한다. 장례식은 간소하게 진행하고 싶다. 그동안 바쁘다는 핑계로 보고 싶어도 보지 못했던 사람들이 찾아와 나와 함께했던 짧은 여행의 추억을 도란도란 공유할 수 있으면 참 행복할 것이다.

더 이상 죽음을 두려워하지 않기 위해서 앞으로 얼마나 더 남아있을지 모를 이 여행을 더 열심히, 힘차게 즐길 것이다. 모든 순간이 마지막이라는 생각으로 매 순간 최선을 다하며 죽는 날까지 열심히 살 것이다.

요즘 세상엔 유언도 하지 못한 채 갑자기 죽는 일이 허다하다. 교통사고로만 사망하는 사람이 얼마나 많은가? 그런 일이 자신에게 일어나지 않을 거라는 안일한 생각은 버리고, 지금부터 자신의 죽음을 대비하자.

삶의 시간이 한 달 정도밖에 남지 않았다고 가정을 한 다음 진지하게 자신의 죽음에 관해 깊이 생각해보고 유서를 작성해보자. 한림대 생사학연구소 소장 오진탁 철학 교수는 유서에 관해 이런 말을 했다. "평소에 유언장을 쓰는 사람은 오히려 삶을 긍정적으로 바라보고, 삶에 강한 의지를 갖게 되며, 밝게 살고자 노력하는 모습을 볼 수 있습니다. 또 죽음에 대한 두려움과 공포도 한결 없어집니다."

당신도 유서를 쓰면서 그동안 살아온 길을 한 번 정리해 보는 시간을 가져보라. 살아가면서 자신을 깊이 있게 들여다보는 기회는 그렇게 많지 않다. 내가 무엇 때문에 사는가, 무엇을 바라는가, 인생에 어떤 목표를 가지고 있는가를 알 수 있는 무척이나 소중한 시간이 될 것이다.

나를 필요로 하는 곳에
손을 내밀어라

요즘 대학생들은 대외활동 스펙을 쌓기 위해 너나 할 것 없이 자원봉사를 지원한다. 하지만 나는 자원봉사가 아닌 자원활동을 하라고 권유하고 싶다. '둘 다 같은 말 아닌가?'라고 의아해 할 수 있겠지만, '자원봉사'는 활동을 하면서 누군가를 돕는 목적성이 강한 반면, '자원활동'은 강압적이 아닌 스스로가 좋아서 혹은 하고 싶어서 한다는 의미가 강조되었다는 점에서 다르다. 자원활동은 자원봉사와 같은 시혜적 행위가 아닌 본인 스스로를 성장시키는 활동이다.

10대 시절에는 자원활동이 아닌 봉사활동을 주로 하는 시기다. 방학숙제로 봉사활동 시간이 의무적으로 책정되어 있거나, 수행평가 때문에 억지로 해야 하는 경우가 많다. 때문에 봉사활동을 하지 않고도 부모님의 아는 지인들을 통해 인증서를 받아오는 경우가 허다하다. 그 시절에는 강압적인 성격이 너무 강하다. 하지만 대학생 혹은 20대 시절의 활동은 고교시절과는 형태와 수준에서 큰 차이가 있다. 20대에는 자신이 하고 싶은 활동을 자율적으로 선택할 수 있기 때문에 작게는 간단한 노력 봉사에서부터 크게는 NGONon-governmental organization 기관과 같은 곳에서 프로젝트 단위로 자원활동을 할 수 있다.

나는 대학생들이 다른 대외활동보다 자원활동에 더 관심을 두고 먼저 경험해야 한다고 생각한다. 그 이유는 크게 세 가지다.

첫째, 자원활동은 다른 대외활동보다 훨씬 쉽게 접할 수 있다. 자원활동은 거의 모든 분야에서 필요로 하기 때문에 하고자 하는 의지만 있다면 세상 모든 일들이 다 자원활동일 수 있다. 모집 인원도 많고 분야도 굉장히 다양하다. 무엇보다 자신이 원하는 분야에서 활동을 할 수 있기 때문에 인생에 있어 소중한 경험을 쌓고 보람을 느낄 수 있다.

둘째, 자원 활동은 진입 문턱이 낮다. 일반적인 대외활동은 전문성이 뛰어나거나 특기가 있어야 한다. 가령 동영상 편집 능력이 우수하다든지, 혁신적인 마케팅 아이디어를 소유하거나 글 쓰는 재주가 뛰어나야 한다. 자신이 이런 능력을 모두 겸비하고 있지 않더라도 팀원의 누군가는 가지고 있어야만 한다. 하지만 자원활동은 따뜻한 마음과 건강한 육체만 있으면 아무런 어려움 없이 누구나 참여가 가능하다. 진입 문턱이 낮으니 아직 경험이 부족한 저학년도 마음만 있으면 부담 없이 활동을 시작할 수 있다.

셋째, 자원활동은 경쟁이 없기 때문에 편안한 마음으로 참여하면 된다. 대부분의 일반적인 대외활동은 경쟁을 기본 구도로 운영된다. 이는 시상을 전제로 하기 때문에 어쩔 수 없는 부분이기도 하다. 이미 학교에서도 치열한 경쟁을 하고 있는데 대외활동에서까지 경쟁을 하면 마음이 편치 않고 즐거움을 느끼기가 힘들다. 참여 자체가 스트레스가 되고 등수 안에 들어야 한다는 압박감이 이만저만이 아니다. 반면 자원활동은 서로를 도우며 편안한 분위기에서 활동을 할 수 있다.

자원활동의 가장 큰 장점은 아무것도 바라지 않고 누군가를 도움으로써 얻게 되는 보람과 뿌듯함이다. 오직 자신만을 위해, 자기 생각만 하며 살아왔던 20대 대학생들에게 필요한 이유이기도 하다. 그렇다면 '어떤 분야의 자원활동을 해야 하는가?'라는 질문을 던질 수 있는데, 사실상 너무나 광범위하기 때문에 처음 접해보는 사람은 선택에 어려움을 느낄 수 있다.

먼저 자신이 관심 있는 분야를 선택해야 한다. 그러고 나서 그 분야에서 자신이 타인에게 어떤 도움을 줄 수 있는지, 어떤 일을 해줄 수 있는지 생각해보면 된다. 요즘에는 대외활동 및 자원활동 정보를 알려주는 전문 커뮤니티 및 인터넷 사이트가 많이 있기 때문에 조금만 시간을 할애하면 간단히 찾을 수 있다.

만일 본인이 누군가를 가르치는 데 흥미가 있다면 저소득층 자녀 혹은 청소년들의 학습지도 멘토링을 할 수 있다. 나는 외국인 대학생들에게 한글을 가르쳐 주는 자원활동을 했었다. 그들에게 한국의 언어와 문화를 가르쳐 줌으로써 자연스럽게 외국어 어학실력까지 향상되는 효과를 볼 수 있었다. 무언가를 바라고 한 자원활동은 아니었지만, 외국인 친구도 만들고 그들의 문화를 간접적으로 체험할 수 있어서 굉장히 좋은 경험이 되었다.

관심 있는 분야나 좋아하는 분야의 행사 스태프를 지원하는 것도 좋은 자원활동이 될 수 있다. 가령 음악에 관심이 있다면 뮤직 페스티벌과 같은 행사에 스태프로 참여해보는 것도 좋다. 자원활동을 하면서 음악까지 들을 수 있는 일거양득의 경험을 할 수 있다. 영화를 좋아하고 영화를 제작하는 데 관심이 있다면 부산국제영화제와 같은 큰 행사에서 스태프로 활동함으로써 실무 경험과 인적 네트워크를 쌓을 수 있다. 이처럼 각종 문화행사나 축제 등에서는 대규모 단위로 스태프를 모집하고 있으니 관심이 있는 사람은 직접 찾아보길 바란다.

자원활동의 이력이 다소 쌓였다면 대기업에서 운영하는 단기 해외 봉사활동에 참여해보는 것도 좋다. 먼저 다른 활동을 꼭 경험해 본 다음 이런 활동에 참여하라고 권유하고 싶은데, 그 이유는 단순히 스펙을 쌓기 위해 참여하는 학생들이 늘어나고 있기 때문이다. 스펙을 쌓으려고 하는 자원활동은 결코 보람을 느낄 수 없으며 깨달음도 적다.

《희망을 찾아 떠나다》의 저자 김이경 씨는 젊은 20대 또래들이 스펙을 찾아 자원활동을 하는 것에 안타까움을 토로했다. 그녀는 한 인터뷰에서 이렇게 말했다.

"단기 해외봉사활동은 이제 또 하나의 스펙이 되어 버렸어요. 그런데 이걸 지적하는 사람이 없어요. 이런 프로그램은 마치 만들어 놓은 밥상에 숟가락만 올리는 것과 같다고 생각해요. 직접 밥을 짓다가 망쳐보기도 하고 직접 만든 짜디짠 국도 맛보는 실패를 경험해야 하는데 다들 이력서에 스펙으로 남길 수 있는 잘 세팅된 것만을 찾으려고 노력해요."[29]

자신에게 맞는 자원활동이 무엇인지 찾아보고 선택했다면 이제 실행하는 일만 남았다. 생각만 하지 말고 몸소 부딪쳐보자. 어색한 것도 처음뿐이다. 나 역시 그랬다. 나는 자원활동을 하면서 정말 다양한 사람들을 만났다. 그 분들과 커뮤니티를 쌓으면서 진정한 행복이란 어떤 것인지 깨달을 수 있었다.

몸은 힘들었지만 마음은 항상 뿌듯했으며, 무엇보다 재미가 있었기 때문에 지치지 않았다. 육체적으로는 힘들어도 에너지가 넘치는 신비한 경험은 해보지 않고서는 알 수 없다. 활기가 넘치는 20대에 꼭 경험해 보았으면 한다. 자원활동은 시작이 어려울 뿐, 첫발을 내디디면 그 매력에 깊숙이 빠지게 된다. 일단 시작해 보자. 지금 이 순간 당신을 필요로 하는 곳은 무척이나 많다.

외국인 친구와 우정 쌓기

친구를 갖는다는 것은 또 하나의 인생을 갖는 것이다.
－ 그라시안

'대학생들이 가장 많이 준비하는 스펙은?'이라는 질문으로 설문조사(복수응답 가능)를 실시했는데, 72.6%가 토익, 66.4%가 학점, 65.8%가 자격증, 52%가 TOEIC 외 공인 어학 성적으로 결과가 집계됐다.[30] 나는 이 결과를 보고 굉장히 의아했다. 왜냐하면 영어회화 실력이라는 응답이 없었기 때문이다. 공인 어학 성적(TOEIC, TOEIC SPEAKING, OPIC 등)과 영어회화 실력은 매우 차이가 있다. 이런 종류의 시험들은 스킬과 암기만으로도 충분히 좋은 성적을 거둘 수 있다는 걸 시험에 응시해본 사람이라면 누구나 공감할 것이다. 물론 성적과 비례해서 영어회화 실력이 출중한 사람도 있지만, 대부분의 우리나라 사람들은 영어회화에 약하다.

한번은 신입면접에 임하신 팀장님께서 나에게 다음과 같은 말을 쏟아내셨다. "지원자들에게 방금 본인이 한 말을 영어로 해보라고 하면 열에 아홉은 잘 하질 못해. 말을 많이 더듬거나 한두 문장만 구사하고 난 후 말을 이어나가지를 못한다니까… 그런데 아이러니한 건 그 지원자들의 토익 점수를 보면 최소 800점 후반, 900점 초·중반이라는 거야. 토익 스피킹 점수도 중·상급이고… 심지어 어학연수도 1년간 다녀왔다고 이력서에 기재되어 있는데 실력들이 형편없어. 공인 어학 성적은 그냥 최소한의 서류 통과 기준으로만 보고 있는데도 불구하고 정말 많은 실망감이 들어. 회사에서 필요로 하는 건 문법이나 스킬이 아닌 영어회화 실력인데, 지원자들은 그걸 모르고 있는 것 같아 안타깝구나. 아니면 알면서도 제대로 준비를 못 하는 건가?" 당시 나는 그분 말씀에 격한 공감을 했던 기억이 난다.

　당신이 20대라면 원어민 정도는 아니더라도 자기 생각과 의사를 문장으로 구사하는 정도의 영어회화 실력을 갖추는 게 좋다. 굳이 영어가 아니더라도 한 가지 언어로 무리 없이 외국인과 커뮤니케이션할 수 있는 정도가 된다면 취업에 틀림없이 플러스 요인이 될 것이다. 그렇다면 영어회화 실력을 키울 수 있는 가장 효과적인 방법은 무엇일까? 암기? 꾸준한 연습? 아니다. 바로 외국인 친구를 사귀는 것이다. 외국인 친구를 사귀면 영어회화 실력은 물론이고 서로 문자 메시지를 전달함으로써 쓰기 실력까지 덤으로 향상시킬 수 있다. 하지만 이런 목적으로만 외국인 친구를 사귀어서는 결코 안 된다. 이에 대해서는 추후 다시 이야기하겠다.

'그럼 외국인 친구를 어디서 만날 수 있는가?'라는 질문이 생기는가. 일단 당신이 다니는 대학교에서도 쉽게 외국인을 볼 수 있다. 또한 이태원과 같은 특정지역에 방문하면 많은 외국인들을 만날 수 있다. 꼭 수도권이 아니더라도 요즘에는 지방의 호프집과 클럽에서도 외국인들과 쉽게 마주칠 수 있다. 또 다른 방법으로 회화학원을 다니면 원어민 강사와 자연스럽게 친구가 될 수 있다.

어디를 가든 외국인을 마주치면 그들에게 말을 건네보자. 영어회화를 배우는 데 있어 가장 어려운 부분 중 하나는 대화를 시작하기 위한 자신감을 갖는 것이다. 특히 대화 상대가 원어민일 경우 더욱 긴장하기 쉬운데, 일단 Break the ice(대화의 말문 트기)만 하면 크게 어렵지 않다. 어떤 일에서든지 시작이 어려운 법이다. 처음이 힘들 뿐 두 번째부터는 좀 더 수월하게 대화를 이어나갈 수 있다. 팁을 주자면 "Hello, My name is ○○"보다는 좀 더 편안한 표현인 "Where do you come from?"이나 "It's really hot today isn't it?"과 같은 보편적이고 쉬운 주제로 대화를 시도해보면 좋다. 초면에 나이, 학력, 가족관계 등을 물어보면 불쾌해할 수 있으니 주의해야 한다.

실력도 부족하고 도저히 위와 같은 방법으로 말을 걸 용기가 없다면 www.meetup.com이라는 사이트에 접속해서 오프라인 모임을 가져보는 것도 좋은 방법이다. 이 사이트에서는 한국에 거주하는 외국인들을 만날 수 있으며 공통된 여가 생활이나 취미를 공유하여 자연스럽게 친구를 사귈 수 있다. 한국인들도 다수 참여하기 때문에 한국어와 영어를 모두 사용할 수 있다는 장점이 있다.

나의 지인인 P군도 위의 사이트에서 오프라인 모임을 통해 외국인 친구를 사귀었다. 그 친구는 한국문화와 K-POP에 관심이 많아 미국에서 잠시 동안 어학연수를 온 친구였다. 날이 갈수록 나의 지인과 외국인 친구는 더욱더 돈독해졌다. 어느 정도로 돈독했는가 하면 그 친구가 미국으로 다시 돌아갔음에도 불구하고 몇 차례 비행기를 타고 미국에 찾아가 그의 집을 방문할 정도였다. 외국인 친구의 부모님은 물론 미국의 현지 친구들과도 친분을 쌓았다. 심지어 몇 달 전에는 그 친구의 결혼식에도 초대받아 그의 결혼을 축하해주러 미국까지 갔다오기도 했다. 이 정도면 웬만한 한국인 친구보다도 훨씬 더 우정이 깊다고 할 수 있을 것이다.

이 정도까지는 아니더라도 외국인 친구 또한 진정성 있게 관계를 유지하면서 돈독하게 사귀어야 한다. 많은 사람들이 외국인과 친구가 되기를 원하지만, 정작 그 이유는 언어를 학습하려는 목적이 대다수다. 이런 의도가 본인에게는 이득이 되겠지만 상대방은 과연 어떨까? 외국인 친구를 사귀기로 마음을 먹기 전에 한 번쯤은 역지사지의 마음을 가져야 한다. 어떤 낯선 외국인이 당신에게 오로지 한국말을 배우기 위한 목적으로 접근한다면 어떻겠는가? 두말할 것 없이 불쾌할 것이다. '내가 공짜로 영어를 가르쳐주는 사람이야?'라는 생각이 드는 게 당연하다. 의도와 목적만으로 만나는 만남은 상대도 눈치를 채기 때문에 최대한 피하는 것이 좋다.

외국인 친구를 사귀는 것보다 더 어려운 건 그 관계를 유지하는 것이다. 나 역시 여러 외국인 친구를 사귀어봤지만 관계를 유지하는 게 생각보다 어려웠다. 회화 실력이 출중하지 않았을 때는 대화의 주제를 정하기도 어려웠고, 금방 단절되어서 어색해지기 일쑤였다. 그렇다 보니 처음보다는 덜 연락을 하게 되었고 자연스럽게 관계가 멀어졌다. 특히 직장인이 되고 나서 사귄 친구는 바쁜 일상에 묻혀 연락은커녕 생각도 안 날 때가 많았다.

하지만 그럴수록 외국인 친구에게 관심을 보이려고 노력했다. 시간을 정해놓고 연락을 하거나 SNS에서라도 짤막하게 안부를 묻다 보니 다시 관계가 회복되었고, 오랫동안 유지할 수 있었다. 연락을 자주 하지는 않더라도 주기적으로 해보자. 외국인 친구가 아니더라도 이런 노력은 관계를 유지하기 위한 기본적인 사항이다.

20대에 외국인 친구를 꼭 사귀어보자. 명심해야 할 것은 앞서 말했듯이 수박 겉핥기식의 관계가 아닌 진정한 우정을 쌓아야 한다. 자신이 그 친구를 진심으로 생각하고 있다는 마음을 표현하고 싶다면 작은 선물을 해도 좋다. 한국의 문화를 보여줄 수 있는 물건이나, 친구에게 어울릴 만한 옷, 작은 소품 등 마음을 담아서 선물한다면 틀림없이 좋아할 것이다. 이런 작은 노력들을 통해서 더욱 돈독한 관계로 발전해 나갈 수 있다. 외국인 친구를 만들어서 그들의 문화를 배우고 영어회화 실력을 늘려보자. 분명 무엇과도 바꿀 수 없는 소중한 추억과 경험이 될 것이다.

사회 초년생을 위한
재테크 노하우

강렬한 욕망을 버리고 싶거든, 그 어머니인 낭비를 버려라.
– 키케로

20대에는 하고 싶은 것이 많은 시기다. 고등학교 혹은 대학교를 졸업하고 사회에 첫발을 내딛는 사회 초년생이다 보니 이 시기에는 지금까지 누리지 못한 것들에 대한 보상을 받고 싶어 한다. 그렇기 때문에 자연스럽게 돈을 모으거나 재테크를 하는 데에는 무관심하게 되고, 안 좋은 소비 습관이 형성될 확률이 높다. 만약 20대에 무분별한 소비습관이 형성되면 악순환이 계속될 수 있기 때문에, 사회 초년생 때부터 자신만의 올바른 소비습관을 형성해야 한다.

20대에 무분별한 지출 습관으로 재테크에 전혀 신경을 쓰지 않다가 30대가 되어 후회하는 사람들을 주변에서 종종 볼 수 있었다. 재테크는 하루라도 빨리 시작하는 게 유리하다. 재테크 성공의 시작은 먼저 재테크에 관심을 갖기 시작하는 것이며, 관

미래와 진로를 고민하는 20대가 준비해야 할 것들

심을 가졌으면 바로 실행하는 결단력을 가져야 한다. 나는 어릴 때부터 재테크에 관심이 많았다. 대학 시절에는 대학생이 할 수 있는 재테크를 조금씩 했었고, 고정적으로 수입이 생긴 사회 초년생부터는 본격적으로 재테크를 시작했다. 내가 했던 가장 기본적인 재테크들은 다음과 같다.

통장 쪼개기

재테크에 조금이라도 관심이 있는 사람이라면 통장 쪼개기란 말을 들어 봤을 것이다. 관리하는 방식은 사람마다 상이하므로 자신에게 맞는 통장 쪼개기를 해야 한다. 나의 경우 급여 통장, 소비 통장, 비상금 통장, 투자 통장(적립식 펀드, 주식계좌 등)으로 관리하였다. 지출과 투자 통장을 하나로 관리하면 어려움이 있고, 금융기관마다 금리와 수익률이 다르기 때문에 여러 형태로 통장을 나눠서 관리하는 게 유리하다. 특히 사회 초년생의 경우 축의금을 비롯해 갑작스럽게 조의금을 내야 하는 일이 종종 발생하기 때문에 비상금 통장을 만들어 미리 저축을 해놓으면 큰 부담이 되지 않는다.

월급의 반 이상 저축하고 소비 후 남은 금액은 다시 저축하기

나는 취업을 하고 월급을 받자마자 월급의 55%를 정기적금과 주택청약 종합저축에 저축했다. 그리고 자율적금통장을 만들어 그 달에 소비를 하고 남은 돈을 다시 자율적금통장에 저축했다. 재테크를 다루는 책들에서는 어김없이 선 저축 후 소비를 하라고 권장한다. 나는 거기에 보태어 선 저축 후 소비를 한 다음 남은 금액은 다시 저축을 하라고 권하고 싶다. 그렇게 하면 허투루 돈이 새어 나가는 것을 방지할 수 있다.

체크카드 사용하기

월급의 50% 이상을 고정적으로 저축하고 있다면, 신용카드 사용을 자제해야 한다. 신용카드는 사용 금액이 한 달 후에 청구되기 때문에 지출의 파악이 용이하지 않다. 그리고 지금 당장 돈을 소유하고 있지 않아도 구매가 가능하기 때문에 계획적인 지출이 아닌 충동구매로 이어질 확률이 높다. 나의 경우 생활비는 모두 체크카드로 사용하고 고가의 물품을 구매할 경우에만 할부로 신용카드를 사용한다. 그리고 할부가 모두 끝날 때까지는 일체 사용하지 않는다.

가계부 작성하기

월급을 받고 생활을 하다 보면 자신도 모르게 불필요한 지출을 할 때가 많고 어디로 돈이 새는지 모르는 경우가 많다. 이럴 때 가계부를 작성하면 많은 도움이 된다. 가계부를 작성하는 습관을 들이면 불필요한 지출을 파악하기가 쉽다. 가끔 매스컴이나 재테크의 달인들이 저술한 저서들을 보면 한 가지 공통점을 발견할 수 있다. 모두 가계부를 작성한다는 점이다. 가계부를 작성하면 자신의 현금 흐름을 분석할 수 있고, 안 좋은 소비습관을 버리는 데 많은 도움을 준다. 매일 가계부를 작성하는 것이 귀찮다면 최소 월별로라도 관리를 하는 게 좋다.

	Jun	Jul	Aug	Sep	Oct	Nov
급여	3,440,202	3,440,202	3,440,202	3,440,202	3,440,202	3,440,202
정기적금	1,800,000	1,800,000	1,800,000	1,800,000	1,800,000	1,800,000
청약저축	100,000	100,000	100,000	100,000	100,000	100,000
실비보험	52,050	52,050	52,050	52,050	52,050	52,050
휴대폰 요금	76,080	76,080	76,080	76,080	76,080	76,080
집 관리비	135,000	145,000	150,000	135,000	135,000	135,000
신용카드	321,500	321,500	321,500			
주유비	200,000	200,000	200,000	200,000	200,000	200,000
경조사비	50,000			100,000		
기타 비용		60,000			60,000	
가용 금액	705,572	685,572	740,572	977,072	1,017,072	1,077,072

위의 표는 내가 작성하는 월별 가계부의 예시다. 6개월 정도의 수익과 지출을 미리 파악함으로써 여유 금액과 소비습관을 쉽게 파악할 수 있다.

음영이 칠해진 부분은 고정비로 매달 통장에서 빠져나가는 지출이다. 그리고 나머지는 변동비인데 매달 달라질 수 있는 지출로써 절약하면 충분히 줄일 수 있는 지출이다. 급여에서 고정비+변동비를 뺀 나머지 금액이 순수 가용 금액이다. 순수 가용 금액은 생활비로 보면 된다. 나는 가계부를 쓰다 보니 한 달에 평균 50만 원 정도를 생활비로 사용한다는 것을 알게 되었고, 쓰고 남은 나머지 금액은 자율적금통장에 저축하고 있다.

이외에도 재테크를 하는 방법은 무수히 많다. 돈을 불리는 재테크를 하기 위해서는 일단 목돈이 마련되어야 하는데, 20대에 무분별한 소비습관을 가지면 목돈 마련은 불가능하다. 간단하게라도 가계부를 작성하여 자신의 소비 형태를 파악하고 한 살이라도 젊을 때 재테크를 시작하자. 당신이 만약 사회인이 아니더라도 자신의 용돈 및 생활비가 어떻게 사용되고 있는지 미리 파악해 놓으면 훗날 지출을 관리하는 데 도움이 될 것이다. 잘못된 소비습관으로 인해 카드 빚에 허덕이는 삶을 살지 말고, 지출을 잘 관리해서 돈에 끌려다니지 않는 인생을 살기 바란다.

후회 없는 인생을 위한

20대 버킷리스트

무거운 짐을 짊어지고 살아가야 할 청춘들에게

이 책을 모두 읽은 시점이라면 나의 글에 공감이 가는 부분과 그렇지 않은 부분이 있을 것이다. 사람마다 살아온 환경과 생각이 모두 다르기 때문에 견해 차이가 있을 수밖에 없다. 이 책은 인생을 조금 더 살고 사회생활을 조금 더 일찍 접해본 선배로서 그때 당시에 이렇게 살았으면 훨씬 더 나았을 거라는 생각들의 집합체다. 친동생에게 진심 어린 조언을 해주는 마음으로 한 챕터씩 써 내려갔다. 비록 모두를 만족시킬 순 없겠지만 공감이 가는 챕터의 내용을 오늘부터 실행해 준다면 더할 나위 없이 기쁠 것이다.

다시 강조하지만 청춘은 노력하지 않으면 아무것도 얻을 수 없는 시기다. 물론 노력만으로 얻을 수 없는 아주 힘든 시기라는 것도 잘 안다. 사회 자체가 길을 열어주지 않고 있기 때문에 스스로 무거운 짐을 끙끙대며 짊어지고 있을 것이다. 우리나라의 청춘들이라면 너나 할 것 없이 진로에 대해 끊임없이 고민하고 취업의 문턱에서 한 번쯤은 좌절을 경험한다.

청년 취업률이 갈수록 낮아지고 있다는 말을 많이 접한다. 내가 재직 중인 회사만 보아도 3년째 신입사원을 채용하지 않고 있다. 6년째 회사생활을 하고 있지만 아직도 사무실에서 가장 막내다. 인력이 부족하지만 어떻게 변화될지 모르는 불안정한 미래 때문에 채용 기회 자체를 열지 않고 있는 것이다. 상황이 이렇다 보니 굳이 통계청의 자료와 매스컴을 통해 보거나 듣지 않아도 취업이 어렵다는 현실을 자연스럽게 실감할 수 있다. 몇 년이 지나면 상황이 나아질 수도 있겠지만 개인적인 견해로는 더 힘들어질 수밖에 없는 구조가 될 것 같다. 지금의 청춘들이 겪고 있을 고뇌의 무게는 내가 취업할 당시보다 훨씬 무거울 것으로 생각된다.

이렇게 힘든 시기에 바늘구멍을 뚫어 취업에 성공한다면 누구보다도 기쁠 것이다. 나 역시 기꺼이 진심으로 축복해주고 싶다. 하지만 그 기쁨은 오래가지 않을 것이라 확신한다. 지금 당장은 세상을 모두 가진 것 같겠지만, 짧게는 1년, 길게는 3년 정도 회사생활을 하다 보면 매너리즘에 빠지게 될 확률이 높다. '지금 내가 가는 길이 정말 맞는 것일까, 인생은 한 번뿐인데 이렇게 인생을 살려고 25년간을 공부했나'라는 생각과 함께 자괴감에 빠질 것이다. 나 역시 그랬고 지금 이 글을 읽고 있는 당신 역시 미래에 그럴 수 있다.

이쯤 되면 "그럼 대체 저는 어떻게 해야 합니까?"라는 질문이 나올 것 같다. 나는 많은 사람들이 답하는 것처럼 "네가 좋아하는 일, 잘할 수 있는 일을 찾아야 한다. 그리고 그 일을 너의 꿈으로 연결 시켜야 한다."라고 답해줄 것이다. 물론 이 대답은 이제 지겹다는 생각이 들 정도로 주변에서 많이 들어봤을 것이다. 그럼에도 불구하고 왜 다들 이런 대답을 하는 것일까? 당신은 정말 진지하게 좋아하는 일에 대해 생각해본 적이 있는가?

나 역시 이 글을 쓰게 될 때까지는 몰랐다. 내가 진정으로 좋아하는 것이 무엇인지 몰랐고, 무엇을 하면 즐거운지 몰랐다. 그러다가 정말 진지하게 생각해보니 글을 쓰면서 생각을 정리하는 시간들이 즐겁고 행복하다는 것을 깨달았다.

사실 직장생활을 하면서 글을 쓴다는 것 자체가 쉽지 않다. 매일 정해져 있는 출퇴근 시간과 갑작스런 회식, 야근 등 뜻하지 않은 변수가 자주 찾아오기 때문이다. 하지만 좋아하는 일을 하다 보면 이런 핑계와 변명은 사라진다는 것을 알 수 있었다. 시간이 없으면 잠을 덜 자면서 글을 썼고, 회식을 한다 해도 글을 쓰기 위해 술을 마시는 것을 자제하면 되었다. 만약 내가 온갖 핑계를 대며 글쓰기에 대해 투자할 시간이 없다고 포기했다면 진정으로 글쓰기를 좋아한다고 할 수 없었을 것이다.

진정으로 좋아하는 일이란 핑계를 대지 않고 변명을 하지 않는 것, 그리고 계속 열정이 불타오르는 일이다. 청춘에는 그런 일을 꼭 찾아야만 한다. 진정으로 좋아하는 일을 하는 사람은 취미가 없다. 일 자체가 취미가 되기 때문이다. 가장 아름다운 나이에 취업이라는 하나의 목표만을 가지고 삶을 살아가지 말고, 지금 등에 짊어지고 있는 짐을 조금 덜고 멀리 내다보자.

당장 대기업에 취업하기라는 목표를 달성한다고 해서 자신의 인생이 행복해지는 건 결코 아니다. 그래 봤자 8시간씩 주 5일을 일하며 이틀 쉬는 쳇바퀴 같은 인생만 되풀이될 뿐이다. 좀 더 다른 시각에서 자신의 꿈을 찾는 게 바람직하다. 꿈을 찾고 나서 취업을 해야만 삶의 원동력이 생길 수 있다. 진정 원하는 일과 좋아하는 일에 대해 끊임없이 생각한다면 자신의 꿈을 재정립할 수 있을 것이다. 벤 스타인의 명언에 이런 말이 있다.

"인생에서 원하는 것을 얻기 위한 첫 번째 단계는 내가 무엇을 원하는지 결정하는 것이다."

이 책의 어느 한 구절을 읽고 당신의 삶에서 조그마한 변화가 찾아왔으면 한다. 그리고 그 변화가 시작되는 날은 내일도, 먼 미래도 아닌 바로 오늘이었으면 한다. 항상 오늘이 마지막이라는 생각으로 하루를 시작한다면 언젠가는 당신이 원하는 모든 것을 손에 넣을 수 있을 것이다.

| 참고문헌 |

01. 황상욱, LG Dream Challenger 3기 참가자 후기.

02. 김수영, 《멈추지마, 다시 꿈부터 써봐》, 웅진지식하우스 출판사 서평.

03. 문준영 기자, '꿈에 도전하기 가장 좋을때? "바로 지금"', 제주의 소리, 2014. 11. 11 기사.

04. 백성호의 현문우답 '슈바이처 같은 의사가 되려면', 중앙일보, 2014. 9. 6 칼럼.

05. 이영권, '꿈과 목표의 차이', 넷향기 동영상.

06. 《경력 개발 목표달성을 위한 smart 기법》, HANBIT C&M.

07. 혜민 스님, 《멈추면, 비로소 보이는 것들》, 쌤앤파커스.

08. 래리 레인지, 강주헌 역, 《오만한 CEO 비틀스》, 나무생각.

09. 이명옥(이명옥의 가슴속 글과 그), '너만의 꿈의 목록을 작성하라', 2014. 12. 16 칼럼

   DongA.com.

10. 윤영돈, '나만의 역할모델을 찾아라', 윤코치칼럼 웹사이트(http://www.yooncoach.com).

11. 벤자민 프랭클린의 일화, '시간을 파는 사람', http://limceo.tistory.com.

12. '시간 관리는 자기 관리다' 브런치 웹사이트(https://brunch.co.kr/@brunch3ppq/7/).

13. 조영탁의 행복한 경영이야기, '미래를 보면서 현재의 일을 생각하는 사람',

   1430호 2010. 04. 21.

14. 공병호, 《자기 경영 노트》, 21세기북스.

15. 16. 유성은, 《성공하는 사람들의 시간관리 습관》, 중앙경제평론사.

17. 곤도 마리에, 《인생이 빛나는 정리의 마법》, 더난출판사.

18. 이민규, 《발상을 바꾸면 인생이 달라진다》, 교육과학사.

19. '애드리브의 達人, MC 김제동', 황호택 기자가 만난 사람, 동아일보 2004. 8.

20. 박지영, 장재윤, 《내 모자 밑에 숨어 있는 창의성의 심리학》, 가산출판사.

21. 조앤 K. 롤링, '삶', 유튜브(https://youtu.be/t2nNxUQR8NQ), 1분 45초.

22. 23. 오평선, 《우리 아이 진로 찾아주기》, 타임스퀘어.

24. 피터 드러커, '리더의 자격' 네 가지 중에서 첫 번째로 언급한 내용, Google 이미지.

25. '스트레스는 무엇인가?', 네이버 블로그(http://gahuon.blog.me).

26. 래리 킹, 《대화의 신》, 위즈덤하우스.

27. 《우먼센스》, '어려운 이때, 본업 하면서 1인 창업'.

28. 권미경, 《아랫목》, 태동출판사.

29. 김재우 기자, '대학생 여러분, '단기해외 봉사' 가지 마세요', oh my news, 2011. 3. 26.

30. 대학내일20대연구소, '2015년 취업준비생 취업 준비 실태 조사' 기사.

Z세대, 20대가 처음인 너에게

인쇄일 2019년 12월 20일
발행일 2020년 01월 02일

지은이 김주형
펴낸이 김순일
펴낸곳 미래문화사
신고번호 제2014-000151호
신고일자 1976년 10월 19일
주 소 경기도 고양시 덕양구 고양대로 1916번길 50 스타캐슬 3동 302호
전 화 02-715-4507 / 713-6647
팩 스 02-713-4805
이메일 mirae715@hanmail.net
홈페이지 www.miraepub.co.kr
블로그 blog.naver.com/miraepub

ISBN 978-89-7299-513-5 (03320)